T0123302

essentials

essentials liefern aktuelles Wissen in konzentrierter Form. Die Essenz dessen, worauf es als „State-of-the-Art" in der gegenwärtigen Fachdiskussion oder in der Praxis ankommt. *essentials* informieren schnell, unkompliziert und verständlich

- als Einführung in ein aktuelles Thema aus Ihrem Fachgebiet
- als Einstieg in ein für Sie noch unbekanntes Themenfeld
- als Einblick, um zum Thema mitreden zu können

Die Bücher in elektronischer und gedruckter Form bringen das Expertenwissen von Springer-Fachautoren kompakt zur Darstellung. Sie sind besonders für die Nutzung als eBook auf Tablet-PCs, eBook-Readern und Smartphones geeignet. *essentials:* Wissensbausteine aus den Wirtschafts-, Sozial- und Geisteswissenschaften, aus Technik und Naturwissenschaften sowie aus Medizin, Psychologie und Gesundheitsberufen. Von renommierten Autoren aller Springer-Verlagsmarken.

Weitere Bände in der Reihe http://www.springer.com/series/13088

Michael Burmeister

Navigationssystem Werteorientierung in der Mitarbeiterführung

Subjektivierung der Werte

 Springer

Michael Burmeister
Pleidelsheim, Deutschland

ISSN 2197-6708   ISSN 2197-6716   (electronic)
essentials
ISBN 978-3-658-23062-3   ISBN 978-3-658-23063-0   (eBook)
https://doi.org/10.1007/978-3-658-23063-0

Die Deutsche Nationalbibliothek verzeichnet diese Publikation in der Deutschen Nationalbibliografie; detaillierte bibliografische Daten sind im Internet über http://dnb.d-nb.de abrufbar.

© Springer Fachmedien Wiesbaden GmbH, ein Teil von Springer Nature 2019
Das Werk einschließlich aller seiner Teile ist urheberrechtlich geschützt. Jede Verwertung, die nicht ausdrücklich vom Urheberrechtsgesetz zugelassen ist, bedarf der vorherigen Zustimmung des Verlags. Das gilt insbesondere für Vervielfältigungen, Bearbeitungen, Übersetzungen, Mikroverfilmungen und die Einspeicherung und Verarbeitung in elektronischen Systemen.
Die Wiedergabe von Gebrauchsnamen, Handelsnamen, Warenbezeichnungen usw. in diesem Werk berechtigt auch ohne besondere Kennzeichnung nicht zu der Annahme, dass solche Namen im Sinne der Warenzeichen- und Markenschutz-Gesetzgebung als frei zu betrachten wären und daher von jedermann benutzt werden dürften.
Der Verlag, die Autoren und die Herausgeber gehen davon aus, dass die Angaben und Informationen in diesem Werk zum Zeitpunkt der Veröffentlichung vollständig und korrekt sind. Weder der Verlag noch die Autoren oder die Herausgeber übernehmen, ausdrücklich oder implizit, Gewähr für den Inhalt des Werkes, etwaige Fehler oder Äußerungen. Der Verlag bleibt im Hinblick auf geografische Zuordnungen und Gebietsbezeichnungen in veröffentlichten Karten und Institutionsadressen neutral.

Springer ist ein Imprint der eingetragenen Gesellschaft Springer Fachmedien Wiesbaden GmbH und ist ein Teil von Springer Nature
Die Anschrift der Gesellschaft ist: Abraham-Lincoln-Str. 46, 65189 Wiesbaden, Germany

Was Sie in diesem *essential* finden können

- Die Subjektivierung der Werte – die andere Seite der Werteorientierung
- Der Wertediamant – Sammlung und Beschreibung der 14 menschlichen Werte
- Bildung der sechs Wertetriaden – welche Werte müssen gemeinsam gedacht und behandelt werden?
- Eine Zusammenführung der menschlichen Werte mit den Management- und Führungsinstrumenten in der Mitarbeiterführung
- Werteorientierung in der Teamentwicklung
- Leitfaden für die werteorientierte Anwendung der Führungsinstrumente

Seitdem ich das Navigationssystem Werteorientierung kenne und nutze, hat sich mein Führungsverhalten verändert. So kann Führen Spaß machen und gleichzeitig erfolgreich sein.

Rückmeldung einer erfahrenen Führungskraft

Inhaltsverzeichnis

Einleitung – vom Wertewandel und der Werteorientierung

Der Wertewandel entpuppt sich bei genauer Betrachtung als kontinuierlicher Prozess der Veränderung unserer Wertvorstellungen für unser Zusammenarbeiten und Zusammenleben. Damit verändern sich unsere Vorstellungen von Erwartungen an die Mitarbeiterführung. Das führt zu einer stärkeren Einbeziehung der menschlichen Werte der Mitarbeiter in der Zusammenarbeit. Die Führungswirklichkeit der Führungskräfte in Unternehmen, Kliniken und Organisationen wird zukünftig diesen werteorientierten Veränderungsprozessen Rechnung tragen müssen.

Die Bereitschaft, die Verantwortung für die eigenen Leistungen im Arbeitsprozess zu übernehmen, hat bei vielen Menschen in den letzten Jahren abgenommen. Ein Mehr an Verantwortung bedeutet eine Verringerung der persönlichen Freiheit, der freien und kreativen Gestaltung der eigenen Aufgabenbewältigung. Dadurch fühlt man sich dann in der Gestaltung der „frei verfügbaren Zeit" beeinträchtigt.

Verantwortung tragen sie insbesondere für ihre eigene Familien (für die eigenen Eltern und ihre Familie) und das eigene Umfeld, sagen die Angehörigen der Generation Y, also die Menschen, die heute zwischen 30 und 40 Jahre alt sind. Wenn man als Führungskraft zu viel Verantwortung übernehme, werde man daran gehindert, der Verantwortung für seine Familie gerecht zu werden. In diesem Spannungsfeld wird deutlich, dass auch die Generation Y offenbar dieselben „Wertebegriffe" wichtig findet, aber aktuelle Definitionen und Wertebeschreibungen für die bestehenden Werte nutzt.

Mit der Standardisierung der Fertigungsabläufe z. B. in „Industrie 4.0" wird die Steuerung des Ablaufs sowohl quantitativ als auch qualitativ automatisch durch das Programm übernommen. Dies bietet eine Entlastung im Arbeitszeitbedarf und Unabhängigkeit vom fachlichen Vorwissen der Mitarbeiter. Es macht zudem mindestens die erste Führungsfunktion eines „Vorarbeiters" entbehrlich.

© Springer Fachmedien Wiesbaden GmbH, ein Teil von Springer Nature 2019
M. Burmeister, *Navigationssystem Werteorientierung in der Mitarbeiterführung*,
essentials, https://doi.org/10.1007/978-3-658-23063-0_1

Alle verantwortlichen und kreativen Aufgaben von Ingenieuren, Architekten, Ärzten und anderen qualifizierten Fachkräften, die konkrete gedankliche und handlungsorientierte Freiraume benötigen, brauchen ergänzende, neue Formen der Mitarbeiterführung. Das verlangt von uns allen ein Umdenken hinsichtlich der Steuerung unserer täglichen Zusammenarbeit.

Eine Befragung der Ruhr-Universität Bochum zum Verhältnis von Chef und Mitarbeitern, an der bislang 4000 Arbeitnehmer und 500 Vorgesetzte teilgenommen haben, bestätigt, was wir schon aus Gesprächen und anderen Mitarbeiterbefragungen seit Jahren wissen. Der Chef ist Unzufriedenheitsfaktor Nummer eins: 56 Prozent der befragten Mitarbeiter äußerten sich negativ über ihren Vorgesetzten. Es zeigte sich sogar, dass die Zufriedenheit des Mitarbeiters doppelt so viel vom Chef abhängt wie vom wahrgenommenen eigenen Erfolg.

Den Grund für das schlechte Verhältnis sieht Projektleiter Patrick Schardien darin, dass viele Vorgesetzte dem Mitarbeiter nicht gerecht werden: „Führungskräfte wissen meist gar nicht, was sie falsch machen oder wie sie wahrgenommen werden." Die Zufriedenheit der Mitarbeiter nimmt zu, wenn sie von den Führungskräften geachtet werden und wenn sie mitbestimmen dürfen. Die Zufriedenheit hängt ab vom Umgangston, der Arbeitsplatzsicherheit, dem Gehalt, den Entwicklungsmöglichkeiten, den Freiheiten und Verantwortungsbereichen sowie von den genutzten Management- und Führungsinstrumenten, dem persönlichen und unternehmerischen Erfolg, dem Ansehen des Unternehmens in der Öffentlichkeit und vielem mehr (mündliche Mitteilung des Bochumer Beraters Dr. Patrick Schardien vom 27.01.16).

Die Möglichkeiten zur Verbesserung der emotionalen Mitarbeiterbindung an ihr Unternehmen erfordert eine deutliche Anpassungsleistung in ihrer lebenden Führungskultur, um damit das fachliche Know-how zu sichern und die Mitarbeiterfluktuation zu verringern. Ich möchte Ihnen unser „Navigationssystem Werteorientierung" vorstellen, das wir mithilfe von Nachwuchsführungskräften in Unternehmen, Kliniken und im Sozialbereich entwickelt, erprobt und überprüft haben.

Vor gut 10 Jahren haben mich die ersten Nachwuchsführungskräfte gefragt, ob es nicht andere Möglichkeiten gebe, Mitarbeiter zu führen. Sie empfanden den Steuerungsbedarf in Bezug auf ihre Mitarbeiter – die wiederkehrende Einarbeitung in „einfache fachliche Abläufe", die „Mitarbeiterfürsorge" mit dem Ziel einer tragfähigen Zusammenarbeit und den Umgang mit Ausfallzeiten der Mitarbeiter – als „lästige Personalarbeit". Sie seien „kein Aufsichtspersonal, sondern Fachleute, die zur Bewältigung ihrer komplexen Aufgaben immer weniger Zeit hätten".

Dies brachte mich dazu, noch einmal neu über unseren vermeintlichen Wertewandel nachzudenken.

Werteorientierung und ihre sechs unterschiedlichen Definitionen

Unser Begriff „**Wert(e)orientierung**" bietet aufgrund der unterschiedlichen Zielgruppen auch mehrere recht unterschiedliche Bedeutungsmöglichkeiten.
Wir verstehen darunter:

- in der christlichen Tradition die christlich geprägten Vorgaben (z. B. die zehn Gebote),
- in der Politik eine gemeinsame Interessenvertretung (z. B. Interessenverbände, EU oder Nato),
- in der Wirtschaft den unternehmerischen Gesamtnutzen – Value Based Management,
- in unserer Gesellschaft die Einhaltung gesellschaftlicher und rechtlicher Regeln,
- in der Partnerschaft Liebe, Toleranz, Vertrauen und Verantwortung, … die wir mit unserem Partner erleben wollen,
- in der Führungslehre eine Verknüpfung der menschlichen Werte mit den Management- und Führungsinstrumenten (zum Aufbau von langfristig tragfähigen und belastbaren Arbeitsbeziehungen).

Die ersten dieser vier Definitionen sind Wertvorgaben und Anweisungen, die eingelöst werden sollen. Das, was wir mit Wertewandel beschreiben, wird deutlicher, wenn wir uns die letzten beiden Definitionen anschauen. Hier erleben wir eine Loslösung von der klassischen Werteorientierung im Hinblick auf die Aufgabenbewältigung. Sie reicht von der Zielvorgabe über die Zielvereinbarung hin zu einer Einbeziehung der menschlichen Werte der Mitarbeiter, Partner und Kunden in unserem Zusammenwirken. Der Wertewandel stellt sich als Folge einer Renaissance oder „Wiedergeburt" der menschlichen Werte in unserem Zusammenwirken dar.

© Springer Fachmedien Wiesbaden GmbH, ein Teil von Springer Nature 2019
M. Burmeister, *Navigationssystem Werteorientierung in der Mitarbeiterführung*, essentials, https://doi.org/10.1007/978-3-658-23063-0_2

Wozu brauchen wir die menschlichen Werte?

Die menschlichen Werte bilden unsere „innere Bewertungsinstanz", die uns dazu verhilft, die richtigen Entscheidungen, Handlungs- und Verhaltensweisen für uns selbst auszuwählen. Der Wirtschaftsethiker Bernd Noll formuliert es so: „In Werten dokumentiert sich das, was ein Individuum, eine Gruppe oder eine Gesellschaft als wünschenswert ansieht. Werte sind folglich Auffassungen über die Wirklichkeit, genauer über die Qualität der Wirklichkeit. Sie beeinflussen damit die Auswahl unter möglichen Handlungszielen, Mitteln und Handlungsweisen." (Noll 2002, S. 9).

Werte gelten also einerseits für das Individuum und andererseits für eine Gruppe, ein Unternehmen oder die gesamte Gesellschaft, in der wir leben. Sie werden sowohl durch gesellschaftliche als auch durch persönliche Veränderungen geprägt.

„Ein Wert ist ein Kriterium guter Lebensführung, eine emotional und normativ positiv eingeschätzte Leitvorstellung für das Handeln. Namentlich die Grundwerte bedeuten Standards, die ein Leben lebenswert machen; sie benennen die Ziele, Zwecke und Einstellungen, für die es sich zu leben, gegebenenfalls sogar zu sterben lohnt" (Höffe 2014).

Dabei wird uns das Problem begleiten, dass wir aufgrund unterschiedlicher Generationen und Nationalitäten unterschiedliche Wertedefinitionen gelernt haben und nutzen. Wir nehmen aufgrund unserer gesellschaftlichen Veränderungen einen individuellen Wertewandel wahr. D. h. es erfolgt eine generationsbezogene unbewusste Zuordnung, der wahrgenommen menschlichen Werte in den Verhaltensweisen unserer Partner statt.

© Springer Fachmedien Wiesbaden GmbH, ein Teil von Springer Nature 2019
M. Burmeister, *Navigationssystem Werteorientierung in der Mitarbeiterführung*,
essentials, https://doi.org/10.1007/978-3-658-23063-0_3

3.1   Wie kommen wir zu unseren Entscheidungen?

Wenn wir Verantwortung übernehmen wollen, sind wir gezwungen, uns Gedanken über das Wie zu machen. Auf der Grundlage unserer persönlichen Werte (z. B. Sicherheit, Freiheit, Selbstwirksamkeit etc.) bestimmen wir selbst unsere Bewertungskriterien, nach denen wir unser Ziel erreichen wollen.

Wenn wir unsere menschlichen Werte mit ihren persönlichen Ausdrucksformen, Verhaltensweisen der Führungskräfte in den letzten Generationen anschauen, sehen wir, dass unsere Wertorientierung anhand von einfachen „Leitlinien" und Vorgaben an ihre Grenzen gestoßen sind. Wir wissen, dass es zwischen uns Menschen zu Konflikten kommt, wenn wir einen Zusammenstoß, eine Verletzung unserer Werte, Ziele, Bedürfnisse oder Interessen erleben.

Wir wissen auch, dass wir unsere Ziele nur erreichen, wenn in ihnen unsere Werte ausreichend berücksichtigt sind. Wir wissen somit, wenn wir unsere menschlichen Werte in unserem Zusammenleben und Zusammenarbeiten generationsübergreifend wahrnehmen und beachten, dass wir unser Zusammenwirken angenehm, erfolgreich und zukunftsorientiert gestalten können, da es wechselseitig durch unser Fachwissen und unsere persönlichen Werte getragen wird.

Die Subjektivierung der Werte – die andere Seite der Werteorientierung 4

Die andere Seite der Werteorientierung führt uns zu einem neuen und ergänzenden Weg, um Menschen besser verstehen zu können. Wer eine Arbeitsbeziehung pflegen oder ausbauen möchte, sollte die Werte seines jeweiligen Partners, seiner Mitarbeiter, Kunden oder Patienten erkennen und berücksichtigen.

Das klingt ganz einfach, ist es aber nicht. Welche der 14 unten dargestellten menschlichen Werte – siehe den Wertediamanten in Abb. 5.1 – kennen und beachten Sie bewusst in ihrem beruflichen und privaten Zusammenwirken?

Künftig wird es verstärkt darum gehen, die Wertvorgaben mit einer Orientierung an den menschlichen Werten der Mitarbeiter zu verbinden.

© Springer Fachmedien Wiesbaden GmbH, ein Teil von Springer Nature 2019
M. Burmeister, *Navigationssystem Werteorientierung in der Mitarbeiterführung*,
essentials, https://doi.org/10.1007/978-3-658-23063-0_4

Der Wertediamant

5

Bitte schauen Sie sich den Wertediamanten (s. Abb. 5.1) an, und überprüfen ihn für sich selbst. Sie werden vermutlich alle Werte kennen, die in Deutschland wichtig sind. Wenn Sie sich Ihre Werte genauer anschauen, werden Sie erkennen, dass einige Ihrer Werte in Ihren Lebensbereichen Partnerschaft, Familie, Beruf und soziales Umfeld eine besondere Bedeutung für Sie haben. Unser Werteverständnis orientiert sich an unserem persönlichen Erfahrungshintergrund ebenso wie an dem gesellschaftlichen Kontext, in dem wir leben.

Verantwortung ist, wie wir sehen werden, ein Kristallisationspunkt in der Werteorientierung. Werte, die mit Verantwortung verbunden sind, können immer am Grad der Umsetzung jedes Wertes beurteilt werden. Wenn Sie Ihre Aufmerksamkeit auf die Werte Ihres Partners oder Ihrer Kollegen lenken, mit denen Sie gerne und erfolgreich zusammenarbeiten, werden Sie bemerken, dass diese häufig die gleichen Werte leben wie Sie selbst. Wenn Sie bei der Bewältigung einer gemeinsamen Aufgabe das gleiche Werteverständnis haben, dann führt das zu Gemeinsamkeit und Vertrauen. Eine unterschiedliche Werteauffassung dagegen ruft Differenzen und Steuerungsbedarf hervor.

Jeder der Werte weist neben der persönlichen Prägung durch ihre Lebenserfahrung einige Besonderheiten auf. Der Wert Selbstwirksamkeit – Macht führt dazu, dass man stolz auf das ist, was man gemacht hat. Er ist eine starke Triebfeder, um die eigenen Ziele zu verfolgen und zu erreichen, aber er führt auch zu einigen Schwierigkeiten, wie z. B. zur Einengung der empathischen Wahrnehmung. Der Wert Harmonie kann die Besonderheit haben, dass er bei zu starker Ausprägung andere Werte überlagert bzw. sie in den Schatten stellt.

In meinen Beratungen und Trainings kam immer wieder die Definitionsfrage auf: „Wie ist der jeweilige Wert definiert, was bedeutet er?" Deshalb habe ich in der Literatur, im Internet nachgesehen, wie die Werte heute definiert sind. Da unser

© Springer Fachmedien Wiesbaden GmbH, ein Teil von Springer Nature 2019
M. Burmeister, *Navigationssystem Werteorientierung in der Mitarbeiterführung*,
essentials, https://doi.org/10.1007/978-3-658-23063-0_5

Abb. 5.1 Der Wertediamant

Wertewandel – die Subjektivierung der Werte – ein kontinuierlicher ist, sollten
wir mit unserem Gegenüber reden und verstehen lernen, dass sich unser Gegenüber über seine Werte noch keine Gedanken gemacht hat oder er bestimmte Werte
möglicherweise etwas anders definiert.

Eine Beschreibung der vierzehn menschlichen Werte

6

6.1 Verantwortung

Der Wert Verantwortung beschreibt eine Auffassung, eine Zuschreibung einer Pflicht zu einer handelnden Person gegenüber anderen Personen aufgrund eines normativen Anspruchs, der durch eine Instanz eingefordert wird und vor dieser zu rechtfertigen ist. Handlungen und ihre Folgen können je nach gesellschaftlicher Praxis und Wertesystem für den Verantwortlichen zu Konsequenzen wie Lob und Tadel, Belohnung, Bestrafung oder Forderungen nach Ersatzleistungen führen. Die Beziehung (Relation) zwischen den beteiligten Akteuren knüpft unmittelbar am Ergebnis des Handelns an. Der Wert Verantwortung beruht immer auf einer gemeinsamen, Sinn gebenden Funktion, einem Wozu (Birnbacher 2004, S. 249–271).

Verantwortung spielt eine besondere Rolle als Vermittler und bildet einen Kristallisationspunkt, in dem wir die praktische Ausprägung jedes Wertes bestimmen.

Wenn eine Person die Verantwortung für eine bestimmte Aufgabenstellung übernimmt, hat sie damit die Verantwortung für die Bewältigung des Umsetzungsprozesses übernommen. Der Wert Verantwortung hat Berührungspunkte mit allen anderen Werten. Er bildet für den Einzelnen wie für die Gemeinschaft ein entscheidendes Bindeglied in der Ausprägung der Werte. Verantwortung setzt wie bei allen anderen Werten eine klare Beschreibung des Verantwortungsbereiches voraus.

© Springer Fachmedien Wiesbaden GmbH, ein Teil von Springer Nature 2019
M. Burmeister, *Navigationssystem Werteorientierung in der Mitarbeiterführung*,
essentials, https://doi.org/10.1007/978-3-658-23063-0_6

6.2   Die Würde des Menschen

Würde (von althochdeutsch wirdî; mittelhochdeutsch wirde) ist sprachgeschichtlich verwandt mit dem Wort „Wert":

1. Achtung gebietender Wert, der einem Menschen innewohnt, und die ihm deswegen zukommende Bedeutung,
2. Bewusstsein des eigenen Wertes [und die dadurch bestimmte Haltung],
3. hohe Achtung gebietende Erhabenheit einer Sache, besonders einer Institution mit Titel, bestimmten Ehren, hohem Ansehen verbundenes Amt, verbundener Rang, verbundene Stellung (vgl. Duden 2016).

Der Mensch hat keinen Wert, sondern eine Würde. Der Theologe und Ethiker Frank Martin Brunn erklärt den Unterschied in einem Interview so: „Wenn Sie bei Immanuel Kant nachfragen, dann finden Sie die Unterscheidung zwischen Wert und Würde. Wert ist das, was es erlaubt, gegen etwas zu tauschen. Was einen Tauschwert hat, hat einen Preis. […]. Würde ist eine Größe, die keinen Tausch gestattet. Und für Kant haben alle vernünftigen Wesen eine Würde. Insofern ist Würde ein absoluter Wert" (Bayatloo 2010). Alle Menschen haben unabhängig von ihrer Herkunft oder anderen Merkmalen wie Funktion, Beruf, Geschlecht, Alter oder „Zustand" denselben Wert, der sich in der Menschenwürde ausdrückt.

Menschenwürde ist ein Begriff, der in der deutschsprachigen Rechtsphilosophie und Rechtstheorie für bestimmte Grundrechte und Rechtsansprüche des Menschen steht (vgl. Art. 1, Abs. 1 des Grundgesetzes). Spätestens seit der Aufklärung wird zwischen Wert und Würde unterschieden.

Wir verstehen Würde heute nicht als immerwährendes Gut, sondern als Ausdruck des werteorientierten Verhaltens eines Menschen, besonders in kritischen Situationen durch die Beachtung der Werte zum gemeinschaftlichen Wohl. Dazu müssten wir die genaue Definition und Beschreibung der Würde jedes Menschen in seinen Entwicklungsstufen Kind, Jugendlicher, Erwachsener und älterer Mensch erstellen. Wie und woran können wir den würdevollen Umgang in unserem Zusammenwirken erkennen und messen?

6.3   Die Freiheit

Die Werte Freiheit und Sicherheit müssen immer zusammen betrachtet werden, weil sie wechselseitig voneinander abhängig sind. Wenn wir unsere Freiheit erweitern, reduzieren wir damit unseren Wert Sicherheit. Die Zunahme von Sicherheit bedeutet immer auch eine Einschränkung unserer Freiheit.

In unserer Gesellschaft hat der Wert Freiheit in den letzten Generationen auf der Grundlage von gesellschaftlicher Sicherheit deutlich an Bedeutung dazugewonnen.

a) Im streng theoretischen, naturwissenschaftlichen Sinn meint Freiheit, dass der Mensch über die Fähigkeit verfügt, aus eigenem Willen neue Kausalitätsketten ins Werk zu setzen, also Willensfreiheit.

b) Man unterscheidet in der praktischen Philosophie zwischen der negativen Freiheit, der Freiheit von etwas, und der positiven Freiheit, der Freiheit zu etwas (…).

c) Unter der politischen Freiheit versteht man ein Bündel politischer Mitbestimmungsrechte, wie sie in der Demokratie üblich sind.

d) Unter bürgerlicher, rechtlicher einschließlich wirtschaftlicher Freiheit versteht man den gesetzlich garantierten Handlungsfreiraum der Person, im Sinn des Zivilrechts.

(zitiert nach Suchanek, Gabler Wirtschaftslexikon 2016).

Junge und überdurchschnittlich qualifizierte Fach- und Führungskräfte der Generationen Y und Z fordern Freiheit in ihren unterschiedlichen beruflichen Ausprägungen. Sie setzen einen kontinuierlichen Austausch mit ihren Partnern als selbstverständlich voraus. Sie wünschen sich ein selbstständiges und eigenverantwortliches Handeln im Arbeitsprozess, um das gemeinsame Unternehmensziel mit Kollegen und Führungskräften zu erreichen.

6.4   Sicherheit

Die persönliche Bedeutung des Wertes Sicherheit hat in seinen unterschiedlichen Ausprägungen in unserem Land in den letzten Jahren abgenommen. Der Wert Sicherheit ist nach wie vor ein wichtiger Wert, für den die Menschen in unserem Kulturkreis eine hohe Wertschätzung haben. Auf ihn wird von Mitarbeitern häufiger Bezug genommen, wenn sie ein inneres Bedürfnis nach Sicherheit, Qualität in ihren Arbeitsabläufen, im Einkommen oder in persönlichen Verhaltensweisen zu Kollegen oder Kunden haben. Mitarbeiter werden sich, wenn sie Entscheidungen treffen, immer fragen, mit welchen Kriterien sich ihre jeweilige Entscheidung begründen lässt. Jede Frage zur Folgenabschätzung dient dem Wert Sicherheit: Welche positiven und negativen Folgen werden eintreten, wenn wir das gesetzte Ziel erreichen oder nicht erreichen? Jede Folgenabschätzung verlangt nach einer Nutzen- und Risikoabschätzung, um anhand von Referenzgrößen möglichst sachlich entscheiden zu können.

Das Gefühl der Geborgenheit ist eine Zusammenführung von Sicherheit – behütet sein mit dem Gefühl der Unverletzbarkeit. Es bedarf der Befriedigung von gesuchter körperlicher Nähe, Wärme, Ruhe und Liebe in der Beziehung mit Menschen. Der Ausdruck gilt gemeinhin als unübersetzbar, es gibt ihn aber auch im Niederländischen und im Afrikaans. Prof. Dr. Hans Mogel forscht seit zwei Jahrzehnten am Lehrstuhl für Psychologie an der Universität Passau zum Thema Geborgenheit. Dazu hat er auch ein Beratungsangebot entwickelt. Er bezeichnet Geborgenheit als zentrales Lebensgefühl, als Quelle des Lebens selbst (vgl. Mogel 2016). Seine Definition von Geborgenheit umfasst die Werte und Gefühle von Sicherheit, Vertrauen, Liebe, Zufriedenheit, Akzeptanz, gepaart mit einem Wohlgefühl. Psychologen und Pädagogen betrachten die Erfahrung von Geborgenheit in der Kindheit als wesentlich für die Entwicklung einer stabilen Persönlichkeit. Geborgenheit wird als eine Grundvoraussetzung für das kindliche Spiel verstanden (siehe auch das Stichwort Geborgenheit in Wikipedia 2018).

6.5 Liebe

Liebe ist die Bezeichnung für stärkste Zuneigung und Wertschätzung, die ein Mensch einem anderen gegenüber erlebt. Liebe hat viele unterschiedliche Formen: Elternliebe, Geschwisterliebe, Freundesliebe, Liebe in der Partnerschaft, Selbstliebe und geschlechtliche Liebe … Das Onlineportal des Dudenverlags definiert Liebe als „a. starkes Gefühl des Hingezogenseins; starke, im Gefühl begründete Zuneigung zu einem [nahestehenden] Menschen, b. auf starker körperlicher, geistiger, seelischer Anziehung beruhende Bindung an einen bestimmten Menschen, verbunden mit dem Wunsch nach Zusammensein, Hingabe o. Ä., c. sexueller Kontakt, Verkehr" (Duden 2018). Im Zusammenleben verlangt Liebe nach einer Erklärung in der Partnerschaft, wodurch bzw. woran wir unsere Liebe messen, spüren und ausdrücken oder spüren können.

6.6 Vertrauen

Vertrauen (althochdeutsch: „fertruen", mittelhochdeutsch: „vertruwen"; gotische trauan nach Wikipedia 2018) wird definiert als „festes Überzeugtsein von der Verlässlichkeit, Zuverlässigkeit einer Person, Sache" (Duden 2018).

Den Wert Vertrauen entwickeln wir zunächst in unserer Primärsozialisation, in unserer frühen Kindheit in der Beziehung zu unseren Eltern als Lebensgrundlage. Es wird oft auch als „Urvertrauen" bezeichnet. Vertrauen entwickelt sich besonders in für uns unsicheren Situationen, die einen risikohaften Inhalt haben könnten. Vertrauen ist zugleich Ausdruck von und Wunsch in Bezug auf unsere zwischenmenschlichen Beziehungen. Jedes Vertrauen beruht zunächst auf einem Vertrauensvorschuss, den wir aufgrund von subjektiven Vergleichbarkeiten geben (z. B. gemeinsame Erfahrungen, Ausbildungen, Titel, Aussehen oder Verhaltensweisen).

6.7   Treue

Treue (mittelhochdeutsch traue, Nominalisierung des Verbs trüben „fest sein, sicher sein, vertrauen, hoffen, glauben, wagen" wikipedia 2018) bildet eine gemeinsame Form der Verlässlichkeit der Partner in ihrer Beziehung. Die Treue wird damit auch zu einer Form der Abgrenzung gegenüber der „Außenwelt". Sie basiert auf gegenseitigem Vertrauen und Loyalität. Im eigentlichen Sinn handelt es sich um eine Tugend, eine wiederkehrende Verhaltensweise, die Sicherheit erzeugt. Sie drückt sich in einer Haltung zur Verbindung aus. Ich bin treu; ich bin dir treu!

Treue wird oft auch durch einen Schwur oder Vertrag besiegelt, sie umfasst damit die Qualität der Beziehungen, denen ein Bündnis zugrunde liegt. Ehebund, der mit dem Ehering der Außenwelt, der Gesellschaft gegenüber ausgedrückt werden kann. Treue kann genauso einen persönlichen Schwur ausdrücken, ich bleibe mir, meinen Vorstellungen, Prinzipien und meiner Verlässlichkeit treu.

6.8   Selbstwirksamkeit – Macht

Die Überzeugung, dass man in einer bestimmten Situation etwas erreichen oder bewirken kann. Der Glaube an eigene Fähigkeiten ist interindividuell verschieden stark ausgeprägt und hat große Auswirkungen auf die Wahrnehmung von Situationen, auf die Motivation, das Handeln und die jeweilige Leistung. Positive Gefühle der Selbstwirksamkeit erhöhen die Wahrscheinlichkeit, dass man erfolgreich ist (vgl. Jonas und Bremer 2002).

Dieser Wert hat, wie schon kurz beschrieben, die Besonderheit, dass alle Formen zur empathischen Wahrnehmung beeinträchtigt werden können. Dies wird Ihre Durchsetzungsfähigkeit zulasten Ihrer emotionalen Wahrnehmung verbessern.

Entscheidungsanfragen sind typische Machtanfragen, sie werden von Kollegen, Kunden oder Partnern gerne auch verdeckt gestellt, wenn sie für sich selbst nach Orientierung suchen und selbst aus unterschiedlichen Gründen keine Entscheidung treffen können oder wollen. Es gibt viele Möglichkeiten, verdeckte Machtanfragen zu stellen: Es wird mit der bekannten Meinung des Chefs oder Kunden gearbeitet, um die eigene Meinung oder Position im Gespräch oder in „Vorträgen" deutlicher für alle Beteiligten hervorzuheben (Machtanleihe). Macht wird nicht selten auch zur Kompensation der eigenen Unsicherheit benutzt. Damit dient Macht als Mittel, um die eigene Sicherheit wiederherzustellen. Selbstwirksamkeit – Macht mit einer klaren Zielsetzung, also werteorientiert, konstruktiv eingesetzt, kann als eine wesentliche Grundlage für effektives und effizientes Führen verstanden werden.

6.9   Loyalität = „Bündnistreue"

Ich stehe zu dem, was uns verbindet. Damit ist es im eigentlichen Sinn keine Eigenschaft, sondern eine Haltung zur Verbindung/Verbindlichkeit mit dem Wert Treue (Ich bin treu; ich bin dir treu!). Sie umfasst damit die Qualität der Beziehungen, denen ein Bündnis zugrunde liegt (vgl. Arbeitsvertrag etc.).

Loyalität bedarf, wie alle anderen Werte auch, der genaueren Beschreibung, um Wertekonflikte zu vermeiden. Wenn Sie sich die meisten Unternehmensleitbilder anschauen, stehen Sie sowohl Ihrem Unternehmen, Ihren Führungskräften, Ihrem Mitarbeitern und sich selbst gegenüber in der Loyalitätspflicht – Beispiel: Im Führungsleitbild wird der partnerschaftliche Umgang gefordert, die Führungskraft übt aber auch ungerechtfertigte Macht aus.

6.10   Gerechtigkeit/Fairness

Gerechtigkeit stellt die Grundform unseres menschlichen Zusammenlebens dar, sie benötigt den Vergleich z. B. im Regelverhalten, in Gesetzen, in moralischen Prinzipien.

Der Wert Gerechtigkeit basiert auf der gleichen Beurteilung in vergleichbaren Situationen und kann damit persönliche und gesellschaftliche Sicherheit bieten. Das ist nicht einfach, denn „Gerechtigkeit benötigt den Austausch und die ethische – moralische – Ergänzung durch Fairness". John Crawls hat eine Theorie vorgelegt, in der Gerechtigkeit als Fairness verstanden wird. Gerechtigkeit ist ein grundlegender zentraler Wert in der Ethik und gehört zu den Tugenden. Inhaltlich kann die Bedeutung des Wertes Gerechtigkeit/Fairness nur mit einer ungefähren Annäherung angegeben werden. In ihm steckt sowohl die Richtigkeit des Rechts als auch die Rechtschaffenheit von Personen. „Der Begriff bezieht sich umfassend auf das Miteinander von Personen und die Verteilung von Gütern" (Duden 2007).

6.11 Toleranz

Im Lateinischen bedeutet tolerare ertragen, dulden, unterstützen. „Was bin ich bereit, für dich, für meinen Partner zu ertragen" wird durch Glaube, Weltanschauung, Einstellungen, Sitten, Gebräuche und persönliches Handeln bestimmt. Die Bedeutung des Begriffs hat eine große Bandbreite: von einer eher negativ gefärbten Bedeutung im Sinne von ertragen, erdulden, gerade noch aushalten, bis hin zu Aufgeschlossenheit, Entgegenkommen, verstehender Zuwendung, Freizügigkeit, Großmut (vgl. Duden 2016). Der Wert Verantwortung bietet uns auch hier ein Bindeglied, ein Wozu, einen Kontrollpunkt, der es ermöglicht, Liebe mit Toleranz in der eigenen Person oder beim Partner zusammenzuführen. In der Technik wird Toleranz mit einem Ist-Maß mit einer Abweichungstoleranz $\pm\ldots$ beschrieben.

6.12 Respekt

Im Lateinischen bedeutet respicire zurückschauen, beachten. Respekt ist eine Folge gemeinsamer positiver oder negativer Erfahrungen. Respekt braucht wie alle anderen Werte zunächst die genauere Klärung.

Ich habe Respekt vor einer Person aufgrund ihrer Fähigkeiten, Verhaltensweisen, Eigenschaften und Erfahrungen mit ihr. Von Respekt sprechen wir nicht nur, wenn wir ein angenehmes Zusammenspiel von mehreren Werten, zum Beispiel Würde, Achtung, Ehrlichkeit, Freiheit und Selbstwirksamkeit – Macht wiederholt erlebt haben, sondern auch wenn wir Befürchtungen bzw. Angst vor unserem Gegenüber haben. Der Begriff „Respektsperson" bezieht sich nicht auf gemeinsame Erfahrungen, sondern verfolgt andere Ziele als Respekt (vgl. wissen.de 2016).

6.13 Ehrlichkeit

Ehrlichkeit spielt heute in der Gesamtbevölkerung eine eminent wichtige Rolle, so Opaschowski. Das hänge mit der Entwicklung in den vergangenen Jahren zusammen. Die Wahrnehmung sei, dass Politiker mehr an ihren Machterhalt als an das Gemeinwohl dächten. Der Autor erwähnt die Plagiatsaffäre um den früheren Verteidigungsminister Karl-Theodor zu Guttenberg und den VW-Abgasskandal.

Die Enttäuschung über gebrochene Wahlversprechen und Betrügereien führe aber nicht zu einer revolutionären Haltung. „Eigentlich entwickelt sich eine Generation friedlicher junger Wilder", glaubt der emeritierte Pädagogikprofessor. Unter den meistgenannten Werten kommt an zweiter Stelle Selbstständigkeit (69 %). Es folgen Freundlichkeit (67 %), Selbstvertrauen (64 %) und Hilfsbereitschaft (61 %).

Es dominieren die prosozialen Werte, die für ein gutes Zusammenleben unverzichtbar sind (Opaschowski 2016). Ehrlichkeit drückt sich am klarsten in der Kongruenz (Deckungsgleichheit) von Handeln und Aussagen des Gesprächspartners aus („Ich sage, was ich denke, und tue, was ich sage"). Ein häufig genutzter und verlangter Wert, der leichter einzufordern ist, als ihn überprüfbar zu halten. Unehrlichkeit wird als Lüge wahrgenommen und leitet öfter einen schnellen Beziehungsabbruch in Besprechungen, Verhandlungen sowie im politischen Zusammenwirken ein.

6.14 Harmonie

Der Begriff stammt ursprünglich aus der Musik und bedeutet hier „Wohlklang". Im heutigen Sinne wird darunter Übereinstimmung, innere Geschlossenheit oder Ebenmaß verstanden; der Begriff bezeichnet eine Verbindung, einen Bund, ein passendes Verhältnis. Analogie aus der Musik: vom (eher langweiligen) „Einklang" bis zum vieltönenden Wohlklang, einschließlich der wohlklingenden Reibung (typ.: Dominantseptakkord), die zur Auflösung strebt. Harmonie stellt in unserem Wertesystem immer die Frage nach der Balance, zum Beispiel nach der Balance von Freiheit und Sicherheit. So empfinden es manche Menschen als harmonisch, wenn Spannungen in ihren Beziehungen vermieden, unterdrückt werden und „alle das nahezu Gleiche tun und denken". Andere empfinden es als harmonisch, wenn Menschen ihre spontane Kreativität ausleben können.

Harmonie wird heute oft diplomatisch als Fehlen von negativer Spannung verstanden. Zugunsten von Harmonie wird gegebenenfalls auf andere Werte „verzichtet". Das ist kein böser Wille, sondern eine persönliche Wertedominanz: „Allein die Dosis macht das Gift" (Paracelsus, siehe auch Bayatloo 2010, und die Stichworte Liebe im Duden und Freiheit im Gabler Wirtschaftslexikon).

Wie schon beschrieben ist der Wertewandel ein kontinuierlicher Prozess, der sich in den letzten 50 Jahren deutlich beschleunigt hat. Wir erleben ihn besonders in der Veränderung der Werteprägungen in den letzten fünf Generationen (siehe Wertewandel). Sie können am wechselseitigen Zusammenspiel der angefragten Werte in den sechs Triaden erkennen, welche der Werte für den Entscheidungsfindungsprozess von besonderer Bedeutung waren.

Die sechs Wertetriaden

Als Sie sich den Wertediamanten ansahen, kam bei Ihnen sicherlich, wie bei den meisten Führungskräften, die Frage auf, welche Werte wechselseitig in der Zusammenarbeit und eventuell auch im Zusammenleben miteinander verbunden sind.

Aus den gesammelten Werten des Wertediamanten haben wir sechs zusammengehörige Wertetriaden gebildet (s. Abb. 7.1). Die Werte jeder Triade beeinflussen sich wechselseitig innerhalb und auch zwischen den Wertetriaden.

Das bedeutet: Wenn ich einen Wert in einer Triade verletzt habe, entwerte ich gleichzeitig die gesamte Wertetriade. Die erste unmittelbare und wechselseitige Werteabhängigkeit finden wir entwicklungspsychologisch begründet in der ersten Wertetriade, die uns unsere Eltern – in unserer frühen Kindheit – vermittelt haben. Die besondere Bedeutung dieser Triade möchte ich mit einem Beispiel hervorheben, das mir Pädagoginnen berichtet haben, die Kinder unterschiedlicher Nationalitäten schon im Alter ab vier Monaten in ihrer Kindereinrichtung betreuen.

Zunächst müssten sie ein gemeinsames Vertrauen mit dem Kind entwickeln. Sonst lehnt das Kind den Kontakt, die Beziehungsaufnahme zur Pädagogin ab.

Ein Miteinander, eine Beziehung basiert auf einem Vertrauensvorschuss. Anschließend macht man im Zusammenspiel die Erfahrung, dass man sicher ist. Dadurch entwickelt sich im Kind die Erwartung, dass die Pädagogin in der gemeinsamen Beziehung für das Kind verantwortlich ist.

Wie Sie aus Erfahrung wissen, braucht jeder Aufbau einer Beziehung z. B. zwischen Ihnen und Ihren neuen Mitarbeitern das Zusammenspiel der Werte der ersten Triade in der Zusammenarbeit.

Wenn Sie sich Unternehmenspräsentationen anschauen, finden Sie diese erste Wertetriade in umschriebener Form als Mittel zum Aufbau und Erhalten einer Beziehung zum Mitarbeiter oder zu den Kooperationspartnern wieder.

© Springer Fachmedien Wiesbaden GmbH, ein Teil von Springer Nature 2019
M. Burmeister, *Navigationssystem Werteorientierung in der Mitarbeiterführung,*
essentials, https://doi.org/10.1007/978-3-658-23063-0_7

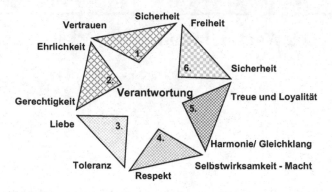

Abb. 7.1 Wertetriade

7.1   Die Beziehung zum Kunden

„Der Erfolg unseres Unternehmens basiert auf dem Engagement und dem Können jedes einzelnen Mitarbeiters. Darauf können wir seit 100 Jahren vertrauen." „Wenn wider Erwarten Probleme auftauchen sollten, sprechen Sie einfach mit unserer verantwortlichen Fachkraft. Wir werden das Problem für Sie mit Ihnen lösen."

Vertrauen ist zugleich Ausdruck und Wunsch an unsere zwischenmenschlichen Beziehungen.

„Jede Beziehung beginnt mit Vertrauen, wenn Sie Ihren Mitarbeitern nicht vertrauen, dann haben Sie keine" (Sprenger 1996).

Sicherheit (von lat. *sēcūritās* zurückgehend auf *sēcūrus* „sorglos") bezeichnet einen Zustand, der als frei von unvertretbaren Risiken, also frei von Gefahren, gesehen wird.

Verantwortung erfordert immer eine verbindliche Maßnahmenplanung mit selbstverständlicher Rückmeldung an ihr Gegenüber.

7.2   Die Beziehung zum Mitarbeiter

Die Führungswirklichkeit hat sich wie schon beschrieben deutlich verändert. Es geht heute darum, gut ausgebildete, flexible und nachgefragte Fach- und Führungskräfte zu finden und sie in die Mitarbeiterschaft, in das Unternehmen zu integrieren, sodass sie dem Unternehmen langfristig erhalten bleiben können.

Wie beschrieben, verlangt das ein Umdenken im Zusammenwirken und in der Mitarbeitersteuerung. Um die Leitungsaufgabe erfolgreich erfüllen zu können, brauchen wir heute Führungskräfte, die eine vitale Arbeitsbeziehung zu ihren Mitarbeitern mithilfe des „Navigationssystems Werteorientierung" generationsübergreifend herstellen und pflegen können.

7.3 Die persönliche Ebene der Werte

Ihre persönlichen Werte haben sich in Ihrer Zusammenarbeit und im Zusammenleben seit Ihrer Geburt gebildet und angepasst. Wie beschrieben bestimmen die persönlich geprägten Werte maßgeblich Ihr Denken und Handeln bei jeder Entscheidung, Bewertung und Handlung in Ihrem Zusammenwirken mit anderen Menschen. Das Bewusstsein über bestimmte Werte dient im Wesentlichen der Begründung für das eigene Handeln und wird in der Regel wenig reflektiert.

7.4 Die gesellschaftliche Ebene der Werte

Die mehr oder weniger bewussten Spielregeln der Gesellschaft, in der wir aufwachsen, und im Leben bestimmen die gesellschaftlichen Werte.

„Werte gelten in diesem Zusammenhang als ein zentrales Merkmal für die Organisation einer Gesellschaft. Die Integration einer Gesellschaft lässt sich nach diesem Verständnis am Grad der Verbindlichkeit übergeordneter Werte für ihre Mitglieder erkennen" (vgl. Friedrich 1995, S. 739).

Sie sind gesellschaftlich getragene Parameter – also Vorgaben, Regeln und Gesetze sowie das, „was uns persönlich lieb und teuer ist" –, mit deren Hilfe die Gesellschaft ihr Handeln ausrichtet.

Die Entwicklung gesellschaftlicher Werte, Ehrlichkeit, Gerechtigkeit, Toleranz, Respekt, … für unser Zusammenleben ist verknüpft mit der sprachlichen Entwicklung. Einige unserer Werte sind bereits durch unsere germanischen Vorfahren oder von den Griechen und Römern beschrieben worden. „Sprachhistorisch lässt sich der Bedeutungswandel des Wortes anschaulich darstellen. Insofern schafft Sprache tatsächlich Wirklichkeit" (Watzlawick 2005).

Die heutige Werteorientierung in Deutschland gründet sich, unabhängig vom persönlichen Glauben oder Nichtglauben, auf dem sich weiterentwickelnden gesellschaftlichen und christlichen Menschenbild:

Die Frage nach dem Menschenbild ist in religiös weltanschaulichen Gesellschaften unausweichlich, weil den unterschiedlichen Anschauungen vom Menschen zugleich auch konkurrierende Vorstellungen von Gesellschaft und staatlicher Rechtsgemeinschaft korrespondieren und weil die politische Gestaltung von Normen, Institutionen und Ordnungen aus der Reflexion über den Menschen, seine Grundbedürfnisse und Ansprüche, normative Orientierung und Legitimation empfängt.

Das christliche Verständnis des Menschen nimmt die jüdische Tradition in sich auf, sodass von einem jüdisch-christlichen Menschenbild zu sprechen ist (Becker und Buchstabe 2002, S. 676).

So enthält auch das Grundgesetz in seiner Präambel einen Gottesbezug: „Im Bewusstsein seiner Verantwortung vor Gott und den Menschen … hat sich das deutsche Volk … dieses Grundgesetz gegeben."

Die vertrauten Werte in der Veränderung

8

Die persönlich geprägten Wertevorstellungen nehmen heute einen wesentlich größeren Raum ein als in den vorhergehenden Generationen. Da wir unser Wertesystem im Rahmen unserer Sozialisation fast automatisch übernehmen, hinterfragen wir es nur im Störungsfall, also bei Spannungen und im Konflikt, wenn Werte bedroht oder verletzt wurden. Die erworbenen und vielfach erprobten Werte verändern sich nicht leicht.

Wir bemerken dies besonders in den letzten drei Generationen. Man unterscheidet zwischen der Generation X (Menschen, die zwischen 1966 und 1980 geboren sind), Generation Y (Personen, die zwischen 1981 und 1995 geboren sind) und Generation Z (ab 1995). In der Zusammenarbeit stellen die Mitglieder der drei Generationen fest, dass sie zwar dieselben Werte wichtig finden; doch das, was sie unter den Werten verstehen und wie sie sie persönlich definieren, hat sich aufgrund der gesellschaftlichen Entwicklung und der veränderten Wirklichkeit angepasst. Der Wertewandel führt verspätet durch ihre rechtliche Bestätigung zu einer stärkeren Personalisierung der Werte in unserer Gesellschaft.

Die folgenden Beispiele veranschaulichen die Veränderung der Vorstellungen und Definitionen der Wertevorgaben Freiheit – Selbstbestimmung, Selbstwirksamkeit – Macht und Gerechtigkeit im Wandel der Zeit.

8.1 Leibeigenschaft

Die Leibeigenschaft wurde in vielen deutschen Staaten zwischen dem Ende des 18. und dem Beginn des 19. Jahrhunderts aufgehoben, in Württemberg erfolgte die Aufhebung 1817 sogar entschädigungslos. In Preußen wurde die Leibeigenschaft durch Erlass des Königs von Preußen mit Wirkung zum Martinstag 1810

© Springer Fachmedien Wiesbaden GmbH, ein Teil von Springer Nature 2019
M. Burmeister, *Navigationssystem Werteorientierung in der Mitarbeiterführung*,
essentials, https://doi.org/10.1007/978-3-658-23063-0_8

abgeschafft. Die Forschung ist sich weitgehend darin einig, dass die Forderungen nach der Befreiung von der Leibeigenschaft nicht wegen der Verpflichtungen der Leibeigenen aufgehoben wurden. Vielmehr widersprach die Vorstellung einer persönlichen Bindung dem Menschenbild der Aufklärung.

8.2   Religionsfreiheit

Religionsfreiheit wurde in Württemberg durch das Religionsedikt vom 15. Oktober 1806 eingeführt. Die katholische Konfession wurde der evangelisch-lutherischen und der reformierten gleichgestellt.

In der „Weimarer Reichsverfassung" vom 11. August 1919. In Artikel 135 heißt es: „(1) Alle Bewohner des Reichs genießen volle Glaubens- und Gewissensfreiheit. Die ungestörte Religionsausübung wird durch die Verfassung gewährleistet und steht unter staatlichem Schutz. Die allgemeinen Staatsgesetze bleiben hiervon unberührt." Viele Artikel der Verfassung des Deutschen Reiches wurden in der Zeit von 1933 bis 1945 abgeändert bzw. außer Kraft gesetzt. Nach dem Zweiten Weltkrieg wurde die Religionsfreiheit 1949 ins Grundgesetz aufgenommen.

8.3   Gleichberechtigung von Frauen und Männern in Forschung und Beruf

Jahrhundertelang war der Besuch einer Universität Männern vorbehalten. Erst Ende des 18. Jahrhunderts bekamen die ersten Frauen Zugang zu einer Universität. „Die erste Frau an der Berliner Universität überhaupt und auch die erste, die den Doktor machen durfte, war die Jüdin Elsa Neumann. Ihre Promotion 1899 wurde von den Zeitungen der Stadt gefeiert" (Berliner Zeitung vom 11.10.2015).

Erst ab 1977 durfte eine verheiratete Frau arbeiten, ohne die Erlaubnis ihres Ehemannes oder Vaters vorzulegen. Bis 1958 konnten Männer Arbeitsverträge der Ehefrauen nach eigenem Ermessen fristlos kündigen und hatten als Ehemann auch das alleinige Bestimmungsrecht über Frau und Kinder. Auch wenn er seiner Frau erlaubte zu arbeiten, verwaltete er ihren Lohn. Das änderte sich erst schrittweise.

Ohne Zustimmung des Mannes durften Ehefrauen bis 1962 kein eigenes Bankkonto eröffnen. Erst nach 1969 wurde eine verheiratete Frau als geschäftsfähig angesehen (siehe auch Stichwort Frauenemanzipation in Focus online).

8.4   Wehrpflicht und Zivildienst im Deutschland der Nachkriegszeit

Zwischen 1956 und 2011 bestand in Westdeutschland Wehrpflicht; der gesetzliche zivile Ersatzdienst wurde 1961 geschaffen. Vor der Einführung der Wehrpflicht war kontrovers darüber diskutiert worden (siehe auch Stichwort Wehrpflicht bei der Bundeszentrale für Politische Bildung). In der DDR bestand ab 1962 Wehrpflicht.

Mit der Aussetzung der Wehrpflicht zum 1. Juli 2011 wurde für ganz Deutschland eine Freiwilligenarmee eingeführt. Bis dahin schränkte die Wehrdienst- bzw. Zivildienstpflicht die individuelle Freiheit vieler junger Männer empfindlich ein. Dem stand angesichts des Terrorismus und zunehmender finanzieller Ungleichheit in der Gesellschaft das Bestreben nach Sicherheit gegenüber. Die Beispiele veranschaulichen, dass die Gesellschaft eine deutliche Definitionserweiterung der menschlichen Werte wahrnimmt, sie korrigiert und neu festschreibt und damit eine Anpassung der Werte an die jeweils aktuelle Lebenswirklichkeit nachvollzieht.

Weshalb sind menschliche Werte im Arbeitskontext von Interesse?

Werte begegnen uns seit Jahrhunderten hauptsächlich im Imperativ, also mit der Aufforderung, das zu tun, was uns aufgetragen wurde. Wir kennen sie aus den Zehn Geboten, den europäischen und nationalstaatlichen Gesetzgebungen, Regelkatalogen, Führungs- oder Qualitätsleitlinien, aber auch durch Rollenvorbilder mit deutlicher oder versteckter Androhung von Sanktionen bei Nichteinhaltung.

Wir reden viel über Werte und die Orientierung an Werten, nutzen aber oft aus unterschiedlichen Gründen und Interessen meistens nur den Aspekt der Vorgabe, die vertraute Anweisung „Du sollst ..." bzw. „Du sollst nicht ...". Tatsächlich kommen jedoch in jedem Wert zwei Aspekte zum Tragen: einerseits die vertraute Vorgabe, das zu tun, was uns aufgetragen wurde, und andererseits die persönliche Auslegung, die individuelle Interpretation des jeweiligen Wertes. Dieser zweite Aspekt, der unsere Beziehung bildet, bleibt oft unbeachtet. Obwohl sich jede Beziehung, wie Sie wissen, zuerst durch das persönliche Zusammenspiel der drei menschlichen Werte Vertrauen, Sicherheit und Verantwortung bildet.

Gerade in der Wirtschaft hat sich die Wertvorgabe als Begriff der Wertorientierung unternehmensbezogen (engl. „Value Based Management") durchgesetzt. Alles, was dem Unternehmen nutzt und mehr Gewinn bringt, ist wertorientiert. Ich nutze in diesem Buch stattdessen den Begriff Werteorientierung mit einem E nach Wert. Er steht für die Berücksichtigung der normativen Orientierung an Vorgaben einerseits und den konkreten und persönlich beschriebenen menschlichen Werten andererseits.

Beide Formen der Werteorientierung befinden sich in einem kontinuierlichen Veränderungsprozess. Die gesetzlichen Vorgaben verändern sich auch durch die internationalen Handelsbeziehungen mit neuen Möglichkeiten, Zoll, Qualität, Lohnkosten und rechtlichen Vereinbarungen für Produktion, Umwelt, Handel

© Springer Fachmedien Wiesbaden GmbH, ein Teil von Springer Nature 2019
M. Burmeister, *Navigationssystem Werteorientierung in der Mitarbeiterführung*,
essentials, https://doi.org/10.1007/978-3-658-23063-0_9

und Vertrieb. „Es fehlen globale Mechanismen, um die globalen Probleme in den Griff zu bekommen" (Spiegel, Nr. 46, 2016, S. 63).

Die beziehungsbildende Seite der Werteorientierung bietet Ihnen als Führungskraft, Kollege oder Partner die Möglichkeit, das bisher fehlende Herzstück Ihrer Werteorientierung im Zusammenwirken erfolgreich einzusetzen. Jede tragfähige Beziehung – gleich ob zu einem Familienmitglied, zu einem Kunden, Vorgesetzten oder Kollegen – beruht immer auf der Berücksichtigung der bestehenden persönlichen Werte Ihrer Partner. Wenn Sie die individuellen Werte von Mitmenschen bewusst oder intuitiv respektieren, bleibt die Zusammenarbeit zielgerichtet, vertrauensvoll und weitgehend „spannungsfrei".

Wir haben es heute im Zusammenleben und Zusammenarbeiten selten mit Aufgabenstellungen zu tun, die ein Einzelner ohne gemeinsame Abstimmung mit dem Partner, der Familie oder den Kollegen bewältigen kann. Es handelt sich meist um „Mannschaftsspiele", bei denen jeder Einzelne seine Aufgaben zeitgerecht und in der erforderlichen Qualität gemeinsam mit seinen Freunden, Partnern, Kollegen bewältigen muss und dabei mögliche Störungen vorausschauend vermeidet.

Die Definitionen unserer Werte haben sich mit ihren unterschiedlichen Vorstellungen wie beschrieben verändert. Dadurch kommt es zwischen den Generationen zu Übersetzungs- und Definitionsproblemen der besonderen Art. Die Definitionen der gelernten Werte stammen gewöhnlich aus der Kindheit und der Jugend. Wenn sich die persönlich geprägten Vorstellungen im Laufe der Jahrzehnte ändern, sie aber in unseren Köpfen so bleiben, wie wir sie gelernt habe, entsteht das Problem, dass wir über denselben Wert reden, aber etwas anderes meinen und denken.

Der Wertewandel verlangt von uns eine Veränderung des eigenen „Führungsverhaltens". Das ist ein lohnenswerter, aber nicht ganz einfacher Weg von der Vorgabe zur konkreten Übertragung der menschlichen Werte und schließlich zu den gelebten Verhaltensweisen im Zusammenwirken mit unseren Partnern.

Welche Vorteile haben wir davon, wenn wir im Rahmen unserer Arbeitsorganisation werteorientiert planen und die Zusammenarbeiten gestalten? Die Werteorientierung erlaubt uns, die vertrauten Management- und Führungsinstrumente im Arbeitsprozess mit Mitarbeitern und Kunden anhand ihrer persönlichen Werte gezielt, motivierend und sinngebend zu gestalten.

Wenn wir unsere Werte im Zusammenwirken ausreichend berücksichtigen:

a) verringern sich Spannungen in der Zusammenarbeit, und die Kreativität bleibt bei der Umsetzung unserer Ziele erhalten,
b) erleben wir eine selbstverständliche Zunahme der Verantwortlichkeit,
c) kommt es zu einer Abnahme der Fluktuation von Fach- und Führungskräften.

Da unsere Seminarblöcke im Abstand von ca. 5 Monaten durchgeführt wurden, bestand die Möglichkeit, in jedem Folgeseminar nach den Erfahrungen mit der Werteorientierung zu fragen und sie in das weitere Seminar einzubauen. In den Teamentwicklungen zeigte sich für die Teams und ihre Führungskräfte der Erfolg der Werteorientierung bei der Zusammenarbeit fast unmittelbar in einer neuen Verantwortlichkeit und einer verbesserten Zusammenarbeit.

In der Mitarbeiterbefragung wurde die Frage gestellt, was sich in der Zusammenarbeit verändert. Die Antworten lauteten:

a) Jetzt, nachdem wir die Werte unserer Kollegen kennen, könnten wir auch die Werte unserer Führungskräfte und Kunden verstehen, sie leichter beachten und mitdenken.
b) Wir können das Verhalten der Kollegen leichter verstehen und aufnehmen.
c) Schuldzuweisungen und Rechtfertigungen werden zunehmend überflüssig.

Aus der Zusammenarbeit mit Kollegen und Kunden im Ausland weiß man schon lange, dass die jeweiligen Werte dort oft anders gesehen und verstanden werden als bei uns in Deutschland, was zu unvermuteten Spannungen führt.

Unsere Arbeitswelt befindet sich in einem kontinuierlichen Umbruch, das wird Veränderungen im Privat- und Berufsleben nach sich ziehen. Ein erweitertes Anforderungsprofil an Führungskräfte scheint unerlässlich zu sein – besonders in einer Zeit des Führungs- und Fachkräftemangels. Wir stehen davor, unsere Arbeitswirklichkeit auch mit andern Ablaufstrukturen (z. B. Industrie 4.0) zu ändern und zu verbessern. Unterschiedliche Mitarbeitergruppen (Alter, Geschlecht, Nationalität und Ausbildung) werden flexibel zusammenarbeiten. Auf lange Sicht müssen wir Reintegrationen von Mitarbeitern nach einer Elternpause oder nach einer längeren Erkrankung wie z. B. einem Burn-out bewältigen. Dabei werden Schwierigkeiten auch aufgrund des jeweils erforderlichen Fachwissens in der Führungspraxis häufig überraschend massiv und längerfristig auftreten.

Der Wertediamant wird zum Mittelpunkt des Navigationssystems in der Mitarbeiterführung. Er erlaubt es uns, mithilfe der Wertetriaden die Wechselwirkungen zwischen den Werten schneller wahrzunehmen, zu berücksichtigen und die Mitarbeiter werteorientiert zu führen.

Die sechs Wertetriaden haben wir in den letzten Jahren mit Führungskräften in Unternehmen, Kliniken und Sozialeinrichtungen in Seminaren, Teambuilding-, Supervisions- und Coaching-Prozessen besprochen. Wir diskutierten, besprachen und ergänzten die Wertesammlung mit ihren Wechselwirkungen.

Die Führungskräfteentwicklung führte mich zunächst zur Werteorientierung in die „Führungslehre" (Bartscher im Gabler Wirtschaftslexikon, 2018, sowie Maier,

Bartscher und Nissen ebenda). Einige Führungskräfte in meinen Seminaren konnten fast aus dem Stegreif etwas über die Werte der griechischen Philosophen von sich geben, aber oft weder die eigenen Werte noch die ihrer Mitarbeiter oder Kunden benennen. Die Bereitschaft der Teilnehmer, das Navigationssystem Werteorientierung in ihrem Familienleben zu nutzen, verdeutlicht ihr Bedürfnis, eine persönliche und nachvollziehbare Orientierung auch für ihre Familien zu finden.

Der rote Faden der Werteorientierung 10

Die Werteorientierung zieht sich als stabiler roter Faden durch alle Formen unseres Lebens. Wir arbeiten mit Menschen zusammen, die wir dazu bewegen wollen, unsere Ziele im vorgegebenen Rahmen und Qualität zu realisieren.

Wir wissen seit Langem, dass die Beziehung zur unmittelbaren Führungskraft die Achillesferse der Arbeitszufriedenheit darstellt. Hier wird sowohl über unsere Motivation als auch über unser Commitment und über unseren Erfolg entschieden.

Wenn die Beziehung zur Führungskraft stimmt, sind die Mitarbeiter aller Erfahrung nach bereit, mit vielen Widrigkeiten im Unternehmen zu leben. Das am häufigsten übersehene Führungsprinzip im Management lautet also: Führung basiert immer auf Beziehung (vgl. Sprenger 2015).

Woran erkennen Ihre Mitarbeiter und Kunden, dass in Ihrem Unternehmen werteorientiert anhand der menschlichen Werte zusammengearbeitet wird? Qualitäts- und Führungsleitlinien gehören zum Standard. Die Werteorientierung, der direkte, erlebbare und nachvollziehbare Weg der Führungskraft, ist im Führungsverhalten gegenüber dem Mitarbeiter zu erkennen. Sie führt über diese Leitlinien hinaus. Wenn man die menschlichen Werte der Mitarbeiter in die gemeinsame Zielentwicklung, Zielorientierung und Aufgabenzuordnung mit einbezieht, führt dies zu einer persönlichen Verantwortlichkeit in der Zusammenarbeit und verbessert die Mitarbeiterzufriedenheit und Leistungsfähigkeit im Unternehmen.

© Springer Fachmedien Wiesbaden GmbH, ein Teil von Springer Nature 2019   31
M. Burmeister, *Navigationssystem Werteorientierung in der Mitarbeiterführung*,
essentials, https://doi.org/10.1007/978-3-658-23063-0_10

10.1   Vorbereitende Fragen zur werteorientierten Gestaltung der Mitarbeiterführung

Es bleibt die Frage, wie ich meine Mitarbeiterführung so gestalten kann, dass die Werteorientierung in der täglichen Zusammenarbeit auch über meine direkten Mitarbeiter hinaus im Unternehmen erlebbar und nutzbar wird? Als Führungskraft sind Sie auf jeder Hierarchieebene für die Zielerreichung mit dem dazu erforderlichen Beziehungsaufbau in Ihrem Funktionskreis verantwortlich. Sie können die Werte der sechs Wertetriaden dazu nutzen, in dem Sie für sich zunächst einmal drei Fragen aus der ersten Wertetriade beantworten:

a) Welche meiner Fähigkeiten und Verhaltensweisen führen dazu, dass mir meine Kollegen, Partner, Mitarbeiter und Kunden vertrauen?

b) Welche meiner Fähigkeiten, Verhaltensweisen und Vereinbarungen führen dazu, dass meine Mitarbeiter, Kollegen, Partner und Kunden in unserer Zusammenarbeit Sicherheit erleben?

c) Wodurch zeige und führe ich meine Mitarbeiter, Kollegen, Partner und Kunden zu einem eigenverantwortlichen Handeln in unserer Zusammenarbeit?

Diese Fragen werden Sie in allen Wertetriaden anhand der jeweiligen Werte an sich stellen können und damit die Qualität Ihres Führungsverhaltens sicherstellen können.

Die Integration der Werte in ihren Management- und Führungsinstrumenten werden Sie kontinuierlich in Ihrem Führungsalltag begleiten. Sie wissen aufgrund Ihrer Führungserfahrung, dass Sie bei z. B. 40 Mitarbeitern neben allen fachlichen und führungstechnischen Aufgaben auch eine Reihe von persönlichen Fragestellungen in der Mitarbeiterschaft zu bewältigen haben.

Was Sie konkret unter Liebe verstehen, sollten Sie in Ihrer Partnerschaft besprechen. Die Frage nach der Toleranz für unsere Führungsfunktion beeinflusst sowohl unser Berufsleben als auch unser Privatleben. Was wir wechselseitig im Unternehmen und mit Frau und Kindern klären müssen, sind z. B. unsere beruflichen Freiräume und Verpflichtungen im Unternehmen sowie die Bereitschaft unserer Familien ein Mehr an Arbeitszeit mit einem Weniger an Familienzeit dauerhaft zu akzeptieren.

10.2   Ihre Führungspersönlichkeit

Sie sichern Ihren geschäftlichen Erfolg durch die Beachtung der jeweiligen nationalen, religiösen und/oder kulturell geprägten Werte Ihrer Mitarbeiter und Geschäftspartner. Allgemeinplätze für Geschäftskontakte mit fremden Nationalitäten bieten vor dem Hintergrund der ersten Wertetriade eine grobe Orientierung wie z. B. „Die Einhaltung des asiatischen Dreiklangs" – Wahrung des Gesichtes (keine Bloßstellungen) – Beziehungen (persönliche, Ahnen, Unternehmen, Nation etc.) – Höflichkeit (Rollen müssen auch geschlechtsabhängig verstanden und beachtet werden).

Kommt es in der Zusammenarbeit zu Werteverletzungen, gleich ob bei uns selbst oder unseren Gesprächspartnern, reagieren wir üblicherweise zunächst mit Vorsicht und Vorbehalten. Wenn diese nicht geklärt werden können, ist die Gefahr groß, dass sich daraus ein latenter, unterschwelliger oder offener Konflikt entwickelt.

Der Übergang zur praktischen Werteorientierung – ein Beispiel

11

Diesen Abschnitt möchte ich mit einem offenen Brief an W. Schäuble (bis 2017 deutscher Finanzminister) beginnen, der von Marco Politi, einem deutsch-italienischen Journalisten und Autor, verfasst worden ist. Er war Auslands-korrespondent der römischen Tageszeitung La Repubblica und 20 Jahre lang einer der renommiertesten Vatikankenner. Seine Papstbiografien über Johannes Paul II. und Franziskus sind internationale Besteller.

Wolfgang Schäuble (unser ehemaliger Finanzminister) empfahl den Italienern im Jahr 2016, der Verfassungsreform von Matteo Renzi zuzustimmen. Das irritierte den italienischen Journalisten Marco Politi. In einem offenen Brief erläuterte er Schäuble, warum er die Reform ablehnt.

> Mir ist es wesentlich lieber, mich auf das Verbindende zwischen uns beiden zu berufen: Sie und ich, wir beide, sind europäische Bürger. Wir beide haben eine deutsche Mutter. Ich habe wie Sie in Deutschland meine Jugend verbracht und dort Werte miterlebt, auf die ihr Deutsche zu Recht stolz seid – Verantwortlichkeit, Ehrlichkeit, Bürgersinn. Warum also raten Sie uns Italienern etwas, das Sie und Ihre Mitbürger, da bin ich mir sicher, ablehnen würden?

> In Deutschland habt ihr eine Art Senat, den Bundesrat, in dem die Minister-präsidenten der Länder entscheiden und so abgestimmt wird, wie es die jeweilige Landesregierung für richtig hält – für mich ein gelungenes Beispiel für die Autonomie der Länder. Warum also sollen ausgerechnet Sie uns Italienern einen Senat empfeh-len, dem Matteo Renzis Verfassungsentwurf zufolge in Zukunft Landesabgeordnete und Bürgermeister angehören werden (…), die gelegentlich nach Rom reisen, dort so abstimmen, wie sie lustig sind, ohne an ein verpflichtendes Mandat der eigenen Partei oder Region (wie die Länder in Italien heißen) gebunden zu sein?

© Springer Fachmedien Wiesbaden GmbH, ein Teil von Springer Nature 2019
M. Burmeister, *Navigationssystem Werteorientierung in der Mitarbeiterführung*,
essentials, https://doi.org/10.1007/978-3-658-23063-0_11

Noch dazu sollen diese bunt zusammengewürfelten Senatsmitglieder eine Abgeordnetenimmunität genießen, also juristisch nicht belangbar sein, weder für ihre Tätigkeit im Senat noch für alles, wofür sie auf lokaler Ebene verantwortlich sind. Würden Sie in Deutschland ein derartiges rechtliches Ungeheuer gutheißen? (Politi 2016).

Marco Politi liefert uns ein Beispiel für berufliche und private Werteorientierung. Sein Ziel wird klar benannt: Beeinflussung des Meinungsbildungsprozesses beim Referendum in Italien und international als Ausdruck seiner journalistischen Fähigkeiten. Er leitete den Vertrauensbildungsprozess dadurch ein, dass er persönliche Gemeinsamkeiten und nationale Unterschiede zwischen Herrn Schäuble – dem Deutschen – und ihm selbst – dem Italiener – benennt. Dann hebt er zwei Werte hervor, die er schon als Kind in Deutschland von seiner deutschen Mutter gelernt hat und als „deutsche Besonderheit" zu schätzen weiß: Verantwortung und Gerechtigkeit. Selten habe ich ein so klares Beispiel von Werteorientierung im Ausdruck (Schrift/Sprache) und Wirklichkeit (Anwendung) erlebt, das öffentlich zum Ausdruck gebracht wurde.

Marco Politi hebt aber auch mit seiner Zielsetzung die Werte Freiheit – Unabhängigkeit und Selbstwirksamkeit – Macht für sich und alle Italiener hervor. Hier handelt es sich um ein bemerkenswertes Beispiel für eine offene berufliche Werteorientierung in Strategie und Handeln.

Wenn wir die menschliche Werteorientierung als den beziehungsbildenden Bestandteil jeder Beziehung begreifen, können wir die Beziehungsebene in jedem Kommunikationsprozess konkretisieren und damit neu und anders steuern. Eine gute berufliche Zusammenarbeit führt meistens dazu, dass sich die Beziehungen zwischen den Kollegen persönlicher und enger gestalten. Eine Vertrauensbeziehung bildet sich dadurch, dass Menschen über längere Zeit eine neue Erfahrung sammeln: Sie können ihrem Kollegen oder Freund vertrauen. Er denkt also, dass dieser aus seiner Sicht mitdenkt, und gibt seinem Gegenüber durch seine Verantwortlichkeit (persönlich und fachlich) Sicherheit. Dadurch kann sich die persönliche Beziehung weiterentwickeln.

In einer Zeit der ständigen Informationsüberflutung müssen wir uns die folgenden Fragen stellen: Brauche ich diese Information überhaupt und wenn ja, wozu? Soll oder kann ich sie nutzen? Wer will was damit erreichen?

Die Werteorientierung beginnt mit einem beruflichen „Grundlagenvertrag" **12**

In diesem „Grundlagenvertrag" können Sie ihn als Führungskraft z. B. mithilfe der sechs skizzierten Regeln neu gestalten. Sie können die aus Ihrer Sicht wichtigsten drei bis maximal sechs Regeln mit Ihren Mitarbeitern als gemeinsame Grundlage Ihrer Zusammenarbeit anbieten und mit ihnen die Funktionalität in einer eigenen Testphase überprüfen und gegebenenfalls gemeinsam verändern. Es ist für die laufende Zusammenarbeit entscheidend, dass Sie eine gemeinsam akzeptierte und tragfähige Vereinbarung mit Ihren Mitarbeitern treffen, für die *alle Mitarbeiter* die beschriebene Verantwortung übernehmen.

In dieser Vereinbarung werden die Werte Respekt, Vertrauen, Sicherheit, Gerechtigkeit, Toleranz und Verantwortlichkeit hervorgehoben.

1. Ich gehe mit anderen respektvoll um
2. Ich spreche für mich
3. Ich frage nach, statt nur auf meine Vermutungen zu reagieren – die sich selbst erfüllenden Prophezeiungen
4. Ich höre zu und lasse den anderen ausreden
5. Ich trage selbst die Verantwortung für mein Handeln und für meinen Beitrag zum Erfolg unserer Zusammenarbeit
6. Ich verhalte mich vertrauenswürdig und lasse alle persönlich zurechenbaren Informationen in unserem Team

Alle Regeln, die Sie mit Menschen privat oder beruflich vereinbaren und nicht beachten, schaden sowohl Ihrer Vorbildfunktion als auch dem Ihnen entgegengebrachten Vertrauen und Respekt. Sie wirken sich ebenfalls zwangsläufig auf die Zusammenarbeit mit Ihren Mitarbeitern oder auf das Zusammenleben in Ihrer Familie oder Ihrem Freundeskreis aus.

© Springer Fachmedien Wiesbaden GmbH, ein Teil von Springer Nature 2019   37
M. Burmeister, *Navigationssystem Werteorientierung in der Mitarbeiterführung,*
essentials, https://doi.org/10.1007/978-3-658-23063-0_12

Der Teamleiter eines Fachteams aus zwölf Pädagogen und Psychologen, den ich aus einem länger zurückliegenden Coaching-Prozess kannte, bat mich, mit seinem Team und ihm einen Teamklärungsprozess durchzuführen, um die fachliche Vertretbarkeit zu gewährleisten.

Da das gemeinsame Ziel „Verbesserung einer zuverlässigen Vertretbarkeit im Team" von allen Mitarbeitern akzeptiert und als wichtig erachtet wurde, konnten wir gleich zum Wesentlichen kommen: Die Hinderungsgründe der fachlichen Vertretbarkeit sollten beschrieben und geklärt werden.

Da ich das Problem nicht genau kannte, bat ich alle Mitarbeiter samt Führungskraft, den Klärungsprozess jetzt wieder aufzunehmen. Die Spannungen aufgrund der unzureichenden kollegialen Vertretung im Team waren so massiv, dass die Kollegen ihre Unstimmigkeiten lautstark mit allen ihnen zur Verfügung stehenden Schuldzuweisungen und Rechtfertigungen vorbrachten und diskutierten.

Unser nächster Arbeitsschritt bestand darin, gemeinsam die menschlichen Werte aller Gruppenmitglieder zu sammeln. Aufgrund der Sammlung und Erklärung der gesammelten Werte bestimmten wir die drei wichtigsten Werte jedes Mitarbeiters. Betroffenheit machte sich breit, es wurde sehr still. Durch die nahe liegende Frage, was passiert, wenn ihr wichtigster Werte verletzt wird, kam die Lösungsblockade zum Vorschein: „Na, dann gib es Ärger", sagten viele im Team. Zu meinem Erstaunen konnten alle Teilnehmer – sicher aufgrund ihrer fachlichen Ausbildung – im anschließenden Austausch im Gesamtteam alle verdeckten Werteverletzungen mit großer Betroffenheit benennen.

Da alle menschlichen Werte sowohl auf Erziehung und persönlicher Lebenserfahrung beruhen, also positiv und berechtigt sind, fielen alle Schuldzuweisungen in sich zusammen, sie wurden überflüssig. Danach konnten die Mitarbeiter in

© Springer Fachmedien Wiesbaden GmbH, ein Teil von Springer Nature 2019
M. Burmeister, *Navigationssystem Werteorientierung in der Mitarbeiterführung*,
essentials, https://doi.org/10.1007/978-3-658-23063-0_13

Kleinteams eine feste und verbindliche Vertretungsregelung aufstellen und im Gesamtteam benennen und schriftlich fixieren. Ich bat den Teamleiter um ein Controlling mit sechs Terminen im Jahr. Die erarbeitete Vertretungsregelung wurde im ganzen ersten Jahr sehr genau eingehalten. Vertretbarkeit, Wertebeachtung und eine verbesserte Zusammenarbeit sind zur Selbstverständlichkeit im Team und für die Kunden geworden.

13.1   Werteorientierte Teamentwicklung

In der werteorientierten Teamarbeit geht es natürlich darum, die Probleme, die die Zusammenarbeit belasten, herauszuarbeiten, sie zu bewerten und auszuwählen, mit welcher Problemstellung die Teamentwicklung beginnen soll. Es geschieht nicht selten, dass die meisten Teammitglieder das Problem schon einige Zeit mit angesehen und zum Teil unter den Folgen der belasteten Zusammenarbeit gelitten haben. Sie haben oft schon für sich persönlich oder in Paargruppen Partei bezogen und sind damit der Lösung nicht näher gekommen. Spannungen im Team beruhen ähnlich wie Konflikte auf Werte- oder Interessenverletzungen. Sie müssen sich die aktuellen Schwierigkeiten in der konkreten Zusammenarbeit zwischen zwei oder mehreren Mitarbeitern ansehen, um gemeinsam im Team Maßnahmen zu entwickeln, die die Spannung in der Teamarbeit beseitigen.

- Frage an alle Teammitglieder: Welche persönlichen Werte und Interessen sind mir in der Zusammenarbeit in diesem Team besonders wichtig?
- Gemeinsame Analyse: Sammlung aller sich widersprechenden Werte, Ziele und Interessen in Team. Entwicklung eines gemeinsamen Reglements für die gute Kooperation im Team mit einem gemeinsamen regelmäßigen Controlling des Reglements.

Die offenen Antworten im Team können gleich von jedem Kollegen mit den persönlichen Verhaltensweisen des Kollegen in der praktischen Zusammenarbeit „überprüft" und, falls erforderlich, angepasst werden. Das Controlling sollte ein Standardpunkt bei jeder Teambesprechung (wöchentlich oder 14-tägig) werden. Im Controlling stehen die Funktionalität und der Kundennutzen im Mittelpunkt. Persönliche, negative Sanktionen sollte zurückgestellt werden.

13.2   Werte bilden – ein Wie und Wozu in der Zusammenarbeit

Sie kennen ihren Kollegen aus der täglichen Zusammenarbeit, seine Aussagen und Meinungen zu betrieblichen Problemstellungen und einiges mehr. Vielleicht wissen Sie auch, was Ihrem Kollegen im Privatleben (Partnerschaft, Familie, Freizeit) besonders wichtig ist. Sie kennen die Übereinstimmungen und Differenzen zwischen seinen Aussagen und seinen Handlungen am Arbeitsplatz. Wenn die Aussagen und Verhaltensweisen bei Entscheidungen und Veränderungen Ihres Kollegen am Arbeitsplatz deckungsgleich sind, haben Sie sehr wahrscheinlich seine Werte erkannt.

Sie haben jetzt zwei Möglichkeiten. Sie können einen offenen Austausch über ihre Wahrnehmungen initiieren: „Mir ist aufgefallen, dass Sie sehr klar Position beziehen, und deshalb denke ich, dass Ihnen der Wert Ehrlichkeit besonders wichtig ist. Stimmt das?" Oder Sie überprüfen Ihre Wahrnehmungen noch mal sehr gründlich und suchen erst dann das Gespräch mit dem Kollegen. Bitte bedenken Sie dabei, dass alle Gespräche über die Werte eines Kollegen im Zusammenhang mit anderen Kollegen als Vertrauensbruch angesehen werden und das Arbeitsklima negativ beeinflussen können. In der werteorientierten Teamentwicklung kommt es neben Erstaunen und wechselseitigem Verstehen auch zu überraschend schnellen Lösungen, die man durch ein einfaches Feedback oder Controlling fördern kann (Wachstum im Team).

13.3   Werte sind die Träger jeder Motivation

Die Tätigkeit, die der Mitarbeiter übernehmen soll, oder ein Aspekt dieser Tätigkeit muss nach Möglichkeit eine persönliche Herausforderung für ihn darstellen (Selbstwirksamkeit – Macht, Sicherheit, Respekt, …). Die Führungskraft sollte die Werte seiner Mitarbeiter kennen und in der Führung des Mitarbeiters berücksichtigen. Das Ziel, der Sollzustand, der erreicht werden soll, muss eineindeutig sowie sachlich geklärt und vereinbart sein. Die Führungskraft entwickelt gemeinsam mit seinem Mitarbeiter Meilensteine, Teilschritte, mit denen für alle Beteiligten das Erreichen des Zieles qualitativ und quantitativ sichtbar und messbar wird. Schnelle Feedbackschleifen bieten Sicherheit durch einen einfachen Abgleich des aktuellen Handelns mit den Zielvereinbarungen. Das Feedback erlaubt eine leichtere Selbststeuerung im eigenen Handeln und eine selbstkritische Einschätzung der eigenen Fähigkeiten. Die übertragenen Funktionen, Aufgaben oder Maßnahmen müssen immer mit der dazugehörenden ausreichenden Kompetenz einhergehen:

a) fachliche Fähigkeiten,
b) die eigene Motivation und
c) die Befugnis (ausgestattet mit der Möglichkeit, die eigenen Werte Freiheit, Sicherheit und Selbstwirksamkeit weiter zu fördern).

Die Führungskraft gibt ihrem Mitarbeiter damit Verantwortung und einen ausreichenden Spielraum zum selbstständigen Handeln. Die persönlichen Werte müssen sich im gemeinsamen Arbeitsprozess abbilden können. Die Führungskraft nutzt dazu die inneren Antriebskräfte ihres Mitarbeiters, seine persönlichen Werte – Verantwortlichkeit, Selbstwirksamkeit, Sicherheit, Vertrauen, Respekt –, um ihn zu bestätigen und zu fördern.

Phasen der Teamentwicklung 14

Alle Teams, auch neu gebildete Abteilungen, durchlaufen die skizzierten vier Phasen der Entwicklung (s. Abb. 14.1). In den ersten beiden Phasen sind die Team-, Projekt- und Arbeitsgruppen stark mit sich selbst beschäftigt und wenig leistungsfähig. Es ist nicht selten, dass Teams auch nach längerer Zusammenarbeit die dritte und vierte Phase der Teamentwicklung nicht erreichen.

Eine primäre Aufgabe jeder Führungskraft ist die werteorientierte Förderung der Arbeitsfähigkeit der neuen Gruppe bzw. des neuen Teams. Dabei sollte das Team zusammen mit seiner Leitung (Trainer) in der dritten Phase besonderen Wert auf die Gestaltung von klaren, eindeutigen Funktions- und Aufgabenzuordnungen mit entsprechenden Kompetenzen für jeden Mitarbeiter achten. In der vierten Verschmelzungsphase zeigt sich das Team kreativ, flexibel, verantwortlich und leistungsfähig. Personelle Veränderungen in dieser Phase führen leicht zu massiven Störungen.

© Springer Fachmedien Wiesbaden GmbH, ein Teil von Springer Nature 2019
M. Burmeister, *Navigationssystem Werteorientierung in der Mitarbeiterführung*,
essentials, https://doi.org/10.1007/978-3-658-23063-0_14

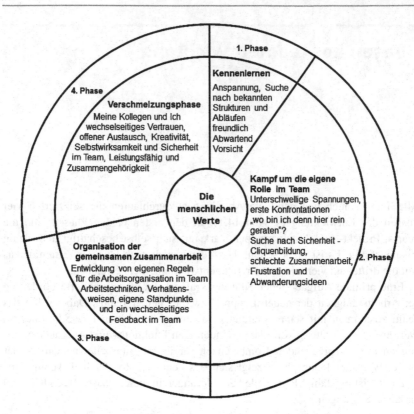

1. Phase: norming 2. Phase: storming 3. Phase: forming 4. Phase: performing

Abb. 14.1 Phasenmodell der Teamentwicklung nach Bruce Wayne Tuckman und Modell der Teamentwicklung, vgl. auch https://project-management.com/the-five-stages-of-project-team-development/

Strukturelle Gruppensteuerung   15

Möglichkeiten, auf jeden einzelnen Mitarbeiter über das System Gruppe Einfluss zu nehmen.

1. Förderung oder Minderung des Konkurrenzverhaltens in der Gruppe, zwischen Gruppen bzw. zwischen einzelnen Gruppenmitgliedern.
2. Subgruppenbildung: neue Aufgabenzuordnungen in der Gruppe (z. B. durch neue, veränderte Aufgabenstellungen)
3. Ausgrenzung von problematischen Mitarbeitern mithilfe von „Einzelaufgaben"
4. Integration von neuen oder auch kritischen Mitarbeitern durch Tandembildung
   a) Mentoring durch erfahrene Mitarbeiter
   b) Anbindung an belastbare und steuerungsfähige Mitarbeiter
   c) Transfer von Mitarbeitern zwischen Gruppen

Wird ein Element des Systems „Gruppe" verändert, verändert sich das Gesamtsystem Gruppe z. B. durch neue Aufgabenstellungen, Verantwortlichkeiten oder Krankzeiten; Mitarbeiterwechsel oder Urlaub erzeugen gegebenenfalls Steuerungsbedarf (vgl. Watzlawick 2005).

15.1 Werteorientierung im Rahmen des Management- und Führungsregelkreis

Sie wollen die persönlichen Werte Ihres Mitarbeiters zur Bewältigung der ihm übertragenen Aufgabenstellungen positiv als zusätzlichen Motivator nutzen. In Ihrer Praxis wird es darauf ankommen, dass Sie die Werte Ihrer Mitarbeiter erkennen und sie bei der Übertragung der zu bewältigenden Aufgaben sinnvoll berücksichtigen.

© Springer Fachmedien Wiesbaden GmbH, ein Teil von Springer Nature 2019   45
M. Burmeister, *Navigationssystem Werteorientierung in der Mitarbeiterführung,*
essentials, https://doi.org/10.1007/978-3-658-23063-0_15

15.2   Personalentwicklung

Hier geht es um die Vorbereitung und Entwicklung der Führungskräfte auf die
verantwortliche Übernahme ihrer zusätzlichen neuen Aufgaben. Die Personalent-
wicklung stellt sich der Aufgabe, die jungen Generationen Y und Z in Ihr Unternehmen und in die Teams zu integrieren und dabei tradierte, mächtige Netzwerke
und Wissensressourcen Ihrer Mitarbeiter aus der Generation X einzubinden.
Damit ergibt sich die Frage, wie Sie die menschlichen Werte Ihrer Mitarbeiter in
Ihre vertrauten Management- und Führungsinstrumenten integrieren, zum Ausdruck bringen und dadurch gleichzeitig die Leistungsfähigkeit und Zufriedenheit
Ihrer Mitarbeiter fördern können. Das Anforderungsprofil der Führungskräfte
wird sich zukünftig, aufgrund unserer demografischen, gesellschaftlichen und
wirtschaftlichen Entwicklung kontinuierlich weiter entwickeln müssen.

Die Führungsstile 16

Als Führungskraft sollten Sie in der Lage sein, jeden der drei Führungsstile (s. Abb. 16.1) situativ, werteorientiert und personbezogen einzusetzen.

Der *demokratische Führungsstil* verlangt eine klare Zielsetzung, die in ihrer Umsetzung noch Möglichkeiten im Rahmen der Maßnahmenplanungen erlauben sollte. Dazu braucht der Mitarbeiter die Information zu den unmittelbaren Hintergründen, Raum und Diskussionsbereitschaft, die ihn dazu einlädt, mitzudenken und Verantwortung zu übernehmen.

Der *autoritäre Führungsstil* bietet sich an, wenn eine unmittelbare Umsetzung notwendig erscheint und keine Zeit für Diskussionen bleibt. Die Verantwortung

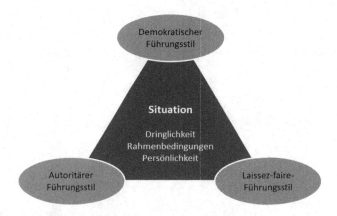

Abb. 16.1 Führungsstile in der Anwendung; Abdruck der Grafik mit freundlicher Genehmigung von Markus Rohrbacher; vgl. Stichwort Führungsstil im Gabler Wirtschaftslexikon, Bartscher 2018, und Maier et al. 2018

© Springer Fachmedien Wiesbaden GmbH, ein Teil von Springer Nature 2019
M. Burmeister, *Navigationssystem Werteorientierung in der Mitarbeiterführung,*
essentials, https://doi.org/10.1007/978-3-658-23063-0_16

für die Durchführung der Maßnahme des gesamten Arbeitsablaufes liegt bei
der Führungskraft. Der *Laissez-faire-Führungsstil* ist für die Entwicklung von
kreativen neuen Möglichkeiten geeignet, die mehr Freiraum und Zeit zum Denken benötigten. Er setzt Selbstverantwortlichkeit des Mitarbeiters, einen klar
abgegrenzten Rahmen und ein klares Controlling voraus.

Der Management- und Führungsregelkreis

17

Der *äußere Kreis* beschreibt die notwendigen Managementinstrumente. Der *innere Kreis* stellt die zur Klärung und Operationalisierung erforderlichen Führungsinstrumente dar. Alle Instrumente des Management- und Führungsregelkreises (s. Abb. 17.1) müssen werteorientiert aufeinander abgestimmt werden. Durch die wiederholte Bearbeitung des Führungsregelkreises wird Ihnen sicher bewusst, welche Vielzahl von sachlichen und fachlichen Aufgabenstellungen Sie allein in den beiden Regelkreisen Management- und Führungsinstrumente im Arbeitsalltag *werteorientiert* zu bewältigen haben.

Neben der fachlichen Mitarbeiterführung mithilfe der Management- und Führungsinstrumente werden Sie noch einige Schwierigkeiten in der täglichen Ablauforganisation, der Zusammenarbeit Ihrer Mitarbeiter, der Kooperation mit Kollegen und Kunden etc. haben. Wenn wir eine durchschnittliche Mitarbeiterzahl von 40 annehmen, für die Sie direkt verantwortlich sind, bedeutet dies, dass Sie je nach Aufgabenstellung bei Ihren 40 Mitarbeitern mindestens alle sieben Führungsinstrumente zum Teil mehrfach verantwortlich *werteorientiert* wahrnehmen und steuern müssen. Da Sie allen Beteiligten (Unternehmen, Mitarbeitern und Führungskräften) mit einer Vertretung für Krankheit bzw. Urlaub gerecht werden wollen, werden Sie für sich ein einfaches, klares Dokumentationsinstrument über Ordner, mithilfe eines Handbuchs oder am Rechner einführen müssen (achten Sie dabei auf den Datenschutz). Bei der Vielzahl von Führungsgesprächen brauchen Sie selbst ein gutes nachvollziehbares und funktionierendes Zeitmanagement. Alle Störungen, die aufgrund von unklaren Vereinbarungen entstehen, kosten Sie Zeit.

Wenn Sie zusammen mit Ihren Mitarbeitern immer wieder das Bewusstsein erzeugen wollen, dass Zusammenarbeit sinnvoll ist, brauchen Sie neben einer selbst entwickelten Struktur ausreichende Kenntnisse über aktuelle Informationen

Abb. 17.1 Der Führungsregelkreis; vgl. Fersch (2002)

Ihres Unternehmens (Ziele, Freiräume und Zeitplanung), um diese Gesamtauf-
gaben verantwortlich für Ihr Unternehmen und Ihre Mitarbeiter wahrzunehmen.

Ihre Führungsverantwortung kann nicht delegiert werden. Welche Fachauf-
gaben Sie mittelfristig verantwortlich abgeben, damit Sie Ihren Führungsaufgaben
verbindlich gerecht werden können, ist von Ihrer fachlichen Sicherheit, Ihrem
Zeitmanagement und von der Person abhängig, an die Sie die Aufgabe übertragen
wollen.

Die sieben Führungsinstrumente in der Anwendung 18

Die Wirksamkeit Ihrer Management- und Führungsinstrumente verbessern Sie durch die strikte Einbeziehung der menschlichen Werte Ihrer Mitarbeiter in allen Führungsinstrumenten. Was heißt informieren?

- Rechtzeitig und umfassend Tatsachen, Ergebnisse und Entwicklungen mitteilen, die für das jeweilige Aufgabengebiet von Bedeutung sind (wechselseitig).
- Hintergründe mitteilen (z. B. Rahmenbedingungen, Zeit- und Kostenrahmen und die Einbettung der Aufgabe ins Gesamtsystem der Gruppe, der Abteilung oder des Bereichs und die Auswirkungen der Arbeitsergebnisse auf andere Bereiche, um die Kommunikationskanäle in alle Richtungen aufzubauen, zu bestätigen und offenzuhalten).

18.1 Wozu informieren?

Sachziele

sachliches Wissen vermehren
Zusammenhänge aufzeigen
Schnittstellen erkennen und definieren
Engpässe erkennen
Kontrolle ermöglichen

© Springer Fachmedien Wiesbaden GmbH, ein Teil von Springer Nature 2019
M. Burmeister, *Navigationssystem Werteorientierung in der Mitarbeiterführung*,
essentials, https://doi.org/10.1007/978-3-658-23063-0_18

Prozessziele fördern die

Kooperation
den Teamgeist
die Kreativität

Personelle Ziele motivieren dazu,

Verantwortungsübernahme dauerhaft zu sichern
Mitarbeiter werteorientiert zu motivieren selbstständig zu arbeiten
sich selbst relevante Informationen zu beschaffen
die Identifikation mit der Aufgabe zu fördern
Vertrauen, Respekt und Sicherheit zu vermitteln

Wie informieren?

Praktische Hinweise:

sachlich, eindeutig, ehrlich und werteorientiert
welche Informationen gebe ich weiter (Prioritäten)
rechtzeitig, aktuell, umfassend, regelmäßig
an die richtige Stelle, an die richtige Person leiten
Informationsfluss festlegen und in beide Richtungen steuern

Es ist notwendig, die „Informationsflut" durch Verantwortlichkeit zu begrenzen, erreichbar zu sein (z. B. Sprechzeiten einbauen). Das Maß (Informationsdefizit vs. Informationsüberflutung) intern: Umläufe, spontane und regelmäßige Gespräche/Besprechungen, extern: Tagungen und Messen, Schulungen etc.

18.2   Zielvereinbarungen

18.2.1 Was heißt Ziele vereinbaren?

Die Führungskraft leitet aus ihren Zielen die persönlichen Ziele mit ihrem Mitarbeiter werteorientiert ab.
   Ziele werden temporär z. B. auch auf die Entwicklung eines Aufgabengebietes, die Qualifikation des Mitarbeiters oder für die Entwicklung der Zusammenarbeit im „Bereich" etc. vereinbart. Wozu sollte man Ziele vereinbaren?

Sachziele – einige Beispiele

Klarheit über das gewünschte Ergebnis
Klarheit über die Kriterien, mit denen der Erfolg erfasst wird
Grundlage für Maßnahmenfindung

Prozessziele – einige Beispiele

Klar benannte Prozessziele geben Orientierung
Definition, Qualität sowie Zeit und Aufwand

Personelle Ziele – einige Beispiele

unter Einbeziehung der persönlichen Werte des Mitarbeiters Verantwortung für
den Arbeitsablauf übertragen
Eigenverantwortlichkeit gezielt fördern
Kreativität (z. B. Selbstwirksamkeit fördern, Freiheitsraum erweitern)
Mitarbeiter fachlich fördern
Zusammenarbeit fördern
Förderung der Verantwortlichkeit

Wie soll man Ziele vereinbaren? Man sollte Ziele konkret beschreiben:

Personen (wer; gegebenenfalls mit wem)
Inhalte (was)
Ausmaß, Umfang (wie viel)
zeitlicher Bezug (wie lange, bis wann)
räumlicher Bezug (wo)
Zielabhängigkeiten (z. B. Zielvereinbarungen mit anderen Mitarbeitern, Kontext)
Zielkontrollpunkte (welche und wann)
Prioritätensetzung
Positiv ausdrücken, was erreicht werden soll (statt was nicht erreicht werden soll)

Wie soll man das Ziel überprüfen?

Eigenverantwortlichkeit durch den Mitarbeiter machbar?
Handlungsspielraum und Begrenzungen definieren
Werteorientierung, Verantwortung und Kompetenzen klären
Schnittstellen klären
Fähigkeiten und Fertigkeiten des Mitarbeiters beachten

Wie soll man die Auswirkungen des Ziels überprüfen

Wie hängt das Ziel mit anderen Vorgaben zusammen?
Welche Wirkung hat das Ziel im gegebenen Kontext?

18.2.2 Hilfsmittel zur Zielvereinbarung

Checklisten sind aus meiner Erfahrung hilfreich, um alles Wichtige zu bedenken.
Aber worauf muss ich bei der Entwicklung, Steuerung und Formulierung der
Zielvereinbarungen mit meinen Mitarbeitern besonders achten? *Werteorientierte
Ziele sind für den Mitarbeiter sinnstiftend.*

Wie entwickeln wir Ziele und stimmen sie mit den angrenzenden Unter-
nehmensbereichen ab? In einigen Unternehmen gibt es eine zentrale Steuerung der Zielorientierung vom Management bis zu jeder Abteilung. Wie bei den
persönlichen Zielvorgaben sollte man hier die persönlichen Werte der Mitarbeiter
hervorheben. Die weiteren Zielvorgaben bzw. Zielvereinbarungen werden auf
dieser Grundlage mit Projekten und Teams getroffen. Dazu möchte ich Ihnen eine
Checkliste zur Zielformulierung in drei Stufen vorstellen:

1. ein klares Bild vom Ziel im Erfolgszustand (Aufgabenstellung im Unternehmen sollte abgeschlossen sein),
2. die persönlichen Werte des Mitarbeiters müssen zur Übernahme von
   Verantwortung und seiner Selbstwirksamkeit einbezogen werden,
3. Ziele müssen positiv formuliert werden, realistisch und in der eigenen
   Verantwortlichkeit erreichbar sein.

Ziele werden in Maßnahmen- und Aktivitätenplanungen unterteilt. Jede Maßnahme wird in einer Reihe von Aktivitäten untergliedert, die bewältigt werden
müssen und gesteuert werden können. Alle Maßnahmen dienen dem Ziel, und
jede Aktivität dient den Maßnahmen.

18.2.3 Zielplanung und Formulierung

Alle Ziele müssen zur Umsetzung bzw. Steuerung in Maßnahmen- und Aktivi-
tätenplänen (MAP) beschrieben werden. Sie bieten Ihnen und Ihren Mitarbeitern
damit auch eine Möglichkeit zur Selbststeuerung (Tab. 18.1).

Tab. 18.1 Maßnahmen- und Aktivitätenplanung

Maßnahme oder Aktivität	Wer mit wem?	Das Wie der Umsetzung (mit Kompetenz-rahmen)	Termine ab wann bis wann	Erfolgs-kriterien	Controlling/ Besprechungs-termine
1–∞					
Quantitative Bestimmung	Die Bestimmung darüber, wann ein Ergebnis als „gut" anerkannt wird, sollte immer in messbaren Größen (Zahlenwerten und Dimensionen) erfolgen. Dadurch wird der quantitative Aufwand einsichtig, deutlich und die Zielerreichung realistisch				
Qualitative Bestimmung	Wenn sich ein Arbeitsziel nicht in messbaren Einheiten ausdrücken lässt, ist die qualitative Beschreibung umso wichtiger. Was muss „es" wie konkret können/leisten? Was darf „es" pro Arbeitsschritt kosten?				
Anzahl der wesentlichen Ziele	Neben allen Standardaufgaben benötigen Sie zusätzliche Ziele für jeden Mitarbeiter, um seine persönlichen und fachlichen Fähigkeiten werteorientiert zu fördern (ca. zwei bis vier Zielvereinbarungen pro Jahr)				
Eindeutig terminiert und mit Prioritäten versehen	Die Zwischentermine und der Endtermin muss immer definiert sein und mit Prioritäten versehen werden				
Angabe des angemessenen Aufwandes Kosten/Personal	Gibt es für die Erarbeitung besondere Grenzen (bzw. sind solche Grenzen z. B. aus gesetzlichen Gründen, aus Qualitätsgründen, aus Richtlinien oder aus Vorentscheidungen zu berücksichtigen). Dann sollten sie klar benannt werden				
Anspruchsvolle Erreichbarkeit	Unternehmensziele sollten mit den menschlichen Werten der Mitarbeiter in Einklang gebracht werden und anspruchsvoll, aber immer auch erreichbar sein				
Kompetenzklärung Person/ Gruppe/Team/Projekt	Die Verantwortlichkeit für die Ergebnisse muss eindeutig geklärt sein				
Vertikale und horizontale Verknüpfungen klären	Arbeitsziele lassen sich nicht isoliert betrachten. Sie sind vertikal und horizontal in der Organisation verknüpft und müssen auch entsprechend abgestimmt werden				

18.3   Delegation

18.3.1 Was bedeutet Delegation?

Die Übertragung eines klar definierten Aufgabengebietes mit Kompetenz und Ausführungsverantwortung an den Mitarbeiter.

18.3.2 Wozu delegieren?

Sachziel: Aufgaben einer sachgerechten Erledigung zuführen

Prozessziele:

Arbeitsverteilung in der Gruppe bzw. im Team optimieren
Verbesserung der verantwortlichen Zusammenarbeit
Vertretbarkeit erzeugen
Auslastung besonderer Mitarbeiterqualifikationen

Personelle Ziele – einige Beispiele:

Eigene Entlastung,
Identifikation mit dem Betrieb bzw. den Betriebszielen erreichen,
Mitarbeitermotivation stärken, Zufriedenheit der Mitarbeiter fördern,
Leistungsfähigkeit und Bereitschaft erhalten oder ausbauen,
Ausbau der Verantwortungsbereitschaft der Mitarbeiter,
Optimierung der Leistungsbereitschaft.

Was bedeutet es, Mitarbeiter zu beraten und zu fördern?
Praktische Hinweise:

Die persönlichen Werte, die Fähigkeiten und Potenziale des Mitarbeiters erkennen
und entsprechend anspruchsvolle und verantwortungsvolle Aufgaben übertragen,
Maßnahmen zur Verbesserung der Qualifikation durchführen,
Zufriedenheit des Mitarbeiters werteorientiert steigern,
Selbstständigkeit fördern,
Flexibilität und Lernfähigkeit fördern bzw. erhalten,
Feedback geben.

Eigenverantwortlichkeit und Selbstwirksamkeit fördern,
genaue Aufgaben- bzw. Zielbeschreibung der Delegation geben,
Sicherheit vermitteln,
Stellungnahmen zur Delegation erfragen,
Respekt zollen.

Erstellen Sie mit Ihrem Mitarbeiter gemeinsam ein Skript, ein Delegationsblatt,
das Ihnen wechselseitig im Arbeitsprozess Sicherheit und Orientierung bietet.
Sie ermöglichen damit allen beteiligten Mitarbeitern, sich bei Unklarheiten durch
einfaches Nachlesen am Computer schnell Klarheit zu verschaffen (dabei sollten
Sie die Datensicherheit berücksichtigen). Sie werden nur dann um Rückfragen
gebeten, wenn Sie eine Entscheidung treffen sollten.

18.4   Mitarbeiter beraten und unterstützen

18.4.1   Was heißt beraten und unterstützen?

Als Ansprechpartner für Fragen und Probleme zur Verfügung stehen: fachlich,
sachlich, technisch, folgenorientiert sowie organisatorisch-persönlich für den Mitarbeiter und das Team nach außen hin.

18.4.2   Wozu sollte man Mitarbeiter beraten, unterstützen und fördern?

Sachziele – einige Beispiele:

längerfristige Zielerreichung sichern
längerfristige Kostenreduzierung

Prozessziele – einige Beispiele:

Mitarbeiterentwicklung (mit Hilfe des Navigationssystems Werteorientierung führen),
Übernahmen von Verantwortung,
Transparenz,
zukunftsorientierte Bereitstellung der notwendigen Qualifikation für sich ver-
ändernde Aufgaben.

Personelle Ziele – einige Beispiele:

Eigene Entlastung,
Identifikation mit dem Betrieb bzw. den Betriebszielen erreichen,
Mitarbeitermotivation stärken, Zufriedenheit der Mitarbeiter fördern,
Leistungsfähigkeit und Bereitschaft erhalten oder ausbauen,
Ausbau der Verantwortungsbereitschaft der Mitarbeiter,
Optimierung der Leistungsbereitschaft.

Was bedeutet es, Mitarbeiter zu beraten und zu fördern?
Praktische Hinweise:

Fähigkeiten und Potenzial der Mitarbeiter erkennen und entsprechend anspruchs-
volle und verantwortungsvolle Aufgaben übertragen,
Maßnahmen zur Verbesserung der Qualifikation durchführen,
Selbstständigkeit fördern,
Flexibilität und Lernfähigkeit fördern bzw. erhalten,
Feedback geben.

18.5   Mitarbeiter fördern?

Praktische Hinweise:

Beachtung der persönlichen Werte des Mitarbeiters,
Aufforderung, sich Zeit von … bis … zu nehmen,
Werte des Mitarbeiters erkennen und nutzen,
Entscheidungen transparent und verständlich gestalten,
persönlichen Kontakt und Vertrauensverhältnis herstellen (offenes Gespräch),
Interesse/Ziel des Mitarbeiters wahrnehmen und berücksichtigen,
Werteorientierte Mitarbeitersteuerung,
Job-Rotation/-Enrichment,
Verantwortungsvolle Aufgaben übertragen,
Schulung, Fortbildung gezielt einsetzen,
fachlich und persönlich beraten und unterstützen,
Eigeninitiative, Engagement fördern,
Feedback geben (Lob und offene, ehrliche Kritik),
Stärken ausbauen, Schwächen beseitigen helfen,
Schwierigkeiten des Mitarbeiters erkennen (Unter- bzw. Überforderung),

Probleme ansprechen, Diskussion zulassen,
Ideen des Mitarbeiters unterstützen und seine Mitwirkung ermöglichen,
Leistung anerkennen.

18.6   Die Zusammenarbeit der Mitarbeiter fördern?

Mitarbeiter für das gemeinsame Ziel stimulieren:

die persönlichen Werte der Mitarbeiter wahrnehmen und berücksichtigen,
den Wert Verantwortung in der Kompetenzzuordnung beachten und mit
Kollegen abstimmen,
auf mögliche Freiräume in Kooperationen hinweisen,
Feedback in der Zusammenarbeit als Bestandteil der partnerschaftlichen und
teambezogenen Orientierung hervorheben.

18.7   Wozu die Zusammenarbeit fördern?

Sachziele – einige Beispiele:

Werteorientierung in der Zusammenarbeit fördern,
Verbesserung des qualitativen und quantitativen Arbeitsergebnisses der Gruppe,
Flexibilisierung der Aufgabenzuordnung,
Effizienzsteigerung in der Gruppe.

Prozessziele – einige Beispiele:

Straffen des Arbeitsprozesses,
Teamgeist fördern (Wirgefühl),
Reibungsverluste minimieren,
Qualitätsverbesserung durch werteorientierte Zusammenarbeit,
Selbststeuerung des Teams aufgrund von eigenverantwortlichem Handeln,
Steuerung der Gruppenbildung zur Vermeidung einer negativen Subgruppenbildung.

Personelle Ziele – einige Beispiele:

Integration neuer Mitarbeiter,
Zufriedenheit der Mitarbeiter fördern,
Optimierung der Leistungsbereitschaft.

18.8   Die Mitarbeiter einbeziehen

Mitarbeiter ihren Qualifikationen/Interessen gemäß informieren und bei anstehenden Aufgaben beteiligen

Sachziele – einige Beispiele:

Verbesserung des qualitativen und quantitativen Arbeitsverhaltens,
Flexibilisierung in der Aufgabenzuordnung,
Effizienzsteigerung.

Prozessziele – einige Beispiele:

Wiedereinbindung des Mitarbeiters,
Identifikation des Mitarbeiters mit Aufgabe und Unternehmen,
Möglichkeit schaffen, dass der Mitarbeiter seine Ressourcen voll für das Unternehmen einbringen kann.

Personelle Ziele – einige Beispiele:

Förderung der kollegialen Arbeitsbeziehung,
Werteorientierung des Mitarbeiters – Kreativität und Motivation,
Reintegration in die Zusammenarbeit,
Verantwortung für die Gesamtzielerreichung fördern.

18.8.1   Wie Mitarbeiter einbeziehen

Praktische Hinweise

Zeitnah und regelmäßig informieren,
Verantwortung übertragen,
Integration in Entscheidungsprozessen,
Lösungsvorschläge einfordern und berücksichtigen,
anspruchsvolle Aufgaben übertragen,
regelmäßige/spontane Einzel- und Gruppengespräche.

18.9 Feedback geben?

Praktische Hinweise

zeitnah und in regelmäßigen Abständen sollen die Werte des Mitarbeiter in seiner
Aufgabenbewältigung berücksichtigt werden
bietet sachliches Lob und Kritik
Fremdwahrnehmung geben und Erwartungsverhalten aufzeigen
Feedback unter vier Augen – ein Mitarbeitergespräch
Feedback zur Förderung der Zusammenarbeit im Team

Feedback ist ein zentrales Steuerungsinstrument, mit dem der Mitarbeiter,
der Kollege oder die Führungskraft mit einer sachlichen und ehrlichen
Fremdwahrnehmung konfrontiert wird. Die betreffende Person bekommt
zweimal im Jahr und auf Wunsch in regelmäßigen kürzeren Abständen als Stan-
dardmaßnahme eine Beschreibung ihres fachlichen und persönlichen Verhaltens
in der Zusammenarbeit. Es handelt sich um eine Rückmeldung über ihr Arbeits-
verhalten. Dabei wird das Ziel verfolgt, sie zu bestätigen und ihr ihre Wachstums-
möglichkeiten im Unternehmen aufzuzeigen. Es unterstützt und bestätigt die
persönlichen Werte des Mitarbeiters in der Zusammenarbeit.

Fazit

19

Das „Navigationssystem Werteorientierung" lässt sich leicht in der Praxis nutzen. Sie können damit Ihr eigenes Führungsverhalten in der Zusammenarbeit mit Ihren Mitarbeiter, Kollegen und Kunden leichter steuern und verändern. Einige Ihrer Probleme bei der Mitarbeiterzufriedenheit, der Fluktuation von Mitarbeitern, der Kreativität und der Übernahme von Verantwortung lassen sich so lösen.

Die wichtigen Bereiche der Werteorientierung in der Gesprächsführung, der Reintegration von Mitarbeitern nach einem Burn-out, die hierarchisch angemessene Wiedereingliederung von Mitarbeitern nach der Elternpause oder die Prophylaxe von Konflikten bzw. deren Lösung möchte ich gerne in einem nächsten *essential* beschreiben.

Wenn Sie Fragen oder Anregungen haben, freue ich mich auf ihre Rückmeldung.

© Springer Fachmedien Wiesbaden GmbH, ein Teil von Springer Nature 2019
M. Burmeister, *Navigationssystem Werteorientierung in der Mitarbeiterführung,*
essentials, https://doi.org/10.1007/978-3-658-23063-0_19

Was Sie aus diesem *essential* mitnehmen können

- Die menschlichen Werte bilden unsere „innere Bewertungsinstanz", die uns dazu verhilft, die richtigen Entscheidungen, Handlungs- und Verhaltensweisen für uns selbst auszuwählen.
- Wenn wir unsere menschlichen Werte mit ihren persönlichen Ausdrucksformen, Verhaltensweisen der Führungskräfte in den letzten Generationen anschauen, sehen wir, dass unsere Wertorientierung anhand von einfachen „Leitlinien" und Vorgaben an ihre Grenzen gestoßen sind.
- Wir wissen, dass es zwischen uns Menschen zu Konflikten kommt, wenn wir einen Zusammenstoß, eine Verletzung unserer Werte, Ziele, Bedürfnisse oder Interessen erleben.

© Springer Fachmedien Wiesbaden GmbH, ein Teil von Springer Nature 2019
M. Burmeister, *Navigationssystem Werteorientierung in der Mitarbeiterführung,*
essentials, https://doi.org/10.1007/978-3-658-23063-0

Literatur

Bartscher, T. (2018). Stichwort Führungsstil im *Gabler Wirtschaftslexikon*. https://wirtschafts-lexikon.gabler.de/definition/fuehrungsstil-35479#mindmap. Zugegriffen: 6. Juni 2018.

Bayatloo, A. (2010). Der Mensch hat keinen Wert, sondern eine Würde. sciencegarden-Magazin für junge Forschung. http://www.sciencegarden.de/content/2010-02/der-mensch-hat-keinen-wert-sondern-eine-wuerde.html. Zugegriffen: 30. Nov. 2016.

Becker, W., & Buchstab, G. (2002). *Lexikon der Christlichen Demokratie in Deutschland*. Paderborn: Schöningh.

Birnbacher, D. (2004). Menschenwürde – Abwägbar oder unabwägbar? In M. Kettner (Hrsg.), *Biomedizin und Menschenwürde* (S. 249–271). Frankfurt a. M.: Suhrkamp.

Dönhoff, M. (2000). „Ehre oder Schande" – Das Lebenskonzept. *Zeit* vom 27. Januar 2000.

Fersch, J. M. (2002). *Leistungsbeurteilung und Zielvereinbarungen in Unternehmen*. Wiesbaden: Gabler.

Gehm, T. (2006). *Kommunikation im Beruf. Hintergründe, Hilfen, Strategien*. Weinheim: Beltz.

Gordon, T. (1981). *Managerkonferenz. Effektives Führungstraining*. Hamburg: Hoffmann und Campe.

Höffe, O. (2014). *Werte und Wertewandel*, Vortrag gehalten auf der Tagung „Neue Perspektiven der Moralforschung: Eine interdisziplinäre Tagung zu Werten, Wertewandel und Moral" in Hannover am 09.01.2014, vgl. auch https://idw-online.de/de/news568215. Zugegriffen: 18. Juni 2018.

Jonas, K., & Bremer, P. (2002). Die sozial-kognitive Theorie nach Bandura. In M. Irle & D. Frey (Hrsg.), *Theorien der Sozialpsychologie : Bd. 2. Gruppen-, Interaktions- und Lerntheorien.* (S. 277–299). Bern: Huber.

Klutmann, B. (2003). Führen ohne Disziplinarfunktion. Wie man Gruppen führen kann. *Zeitschrift Führung + Organisation, 72*, 94–101.

Maier, G. W., Bartscher, T., & Nissen, R. (2018). Stichwort Führungsstil im *Gabler Wirtschaftslexikon*. https://wirtschaftslexikon.gabler.de/definition/fuehrungsstil-35479/version-258960. Zugegriffen: 18. Juni 2018.

Mogel, H. (2016). *Geborgenheit: Quelle der Stärke. Wie ein Lebensgefühl uns Kraft gibt*. Berlin: Springer.

Noll, B. (2002). *Wirtschafts- und Unternehmensethik in der Marktwirtschaft*. Stuttgart: Kohlhammer.

© Springer Fachmedien Wiesbaden GmbH, ein Teil von Springer Nature 2019
M. Burmeister, *Navigationssystem Werteorientierung in der Mitarbeiterführung*, essentials, https://doi.org/10.1007/978-3-658-23063-0

Opaschowski, H. W. (2016). Zukunftsforscher. Jugendliche finden Ehrlichkeit cool. https://www.zeit.de/news/2016-07/23/gesellschaft-zukunftsforscher-jugendliche-finden-ehrlichkeit-cool-23113606. Zugegriffen: 18. Juni 2018.

Ortmann, G. (2010). *Organisation und Moral. Die dunkle Seite*. Weilerswist: Velbrück Wissenschaft.

Politi, M. (2016). Offener Brief an Wolfgang Schäuble. Spiegel online vom 03.12.2016. http://www.spiegel.de/politik/ausland/referendum-in-italien-offener-brief-an-wolfgang-schaeuble-a-1124131.html. Zugegriffen: 22. Mai 2018.

Reddy, M. (1997). *Mitarbeiter beraten. Kollegiale Hilfe zur Selbsthilfe*. Weinheim: Beltz.

Schmidt, W. (1999). *Praktische Personalführung und Führungstechnik. Ein Handbuch für die Übernahme von Führungsverantwortung*. Heidelberg: Sauer.

Sprenger, R. K. (2015). *Das Prinzip Selbstverantwortung*. Frankfurt a. M.: Campus.

Stempfle, J. (2003). Lenker oder Macher? Eine empirische Untersuchung zum Handeln von Führungskräften. *Zeitschrift Führung + Organisation, 72,* 138–144.

Suchanek, A., & Lin-Hi, N. (2018). *Gabler Wirtschaftslexikon*, Stichwort Freiheit. https://wirtschaftslexikon.gabler.de/definition/freiheit-32648/version-171398. Zugegriffen: 22. Mai 2018.

Watzlawick, P. (2000). *Menschliche Kommunikation*. Bern: Huber.

Watzlawick, P. (2005). *Wie wirklich ist die Wirklichkeit?* München: Piper.

Zeitungsartikel

Neumann, E. (2015). Berlins erstes „Fräulein Doktor". *Berliner Zeitung* vom 11.10.2015. https://www.berliner-zeitung.de/29814102. Zugegriffen: 6. Juni 2018.

Stichwörter

Fairness. Stichwort im *Fremdwörterbuch des Duden* (2007), 9. aktualisierte Auflage. Herausgegeben von der Dudenredaktion (Bd. 6, S. 310). Mannheim: Bibliographisches Institut & F. A. Brockhaus.

Freiheit. Stichwort im *Gabler Wirtschaftslexikon* (2018). https://wirtschaftslexikon.gabler.de/definition/freiheit-32648/version-171398. Zugegriffen: 21. Mai 2018.

Geborgenheit. Stichwort in Wikipedia (2018). https://de.wikipedia.org/wiki/Geborgenheit. Zugegriffen: 22. Mai 2018.

Geschäftsfähigkeit von Frauen bis 1962. Artikel im Focus (2016). http://www.focus.de/wissen/mensch/geschichte/tid-21578/zum-weltfrauentag-meilensteine-der-frauenemanzipation-in-deutschland-die-erste-frau-die-ohne-erlaubnis-ihres-ehemannes-arbeiten-darf_aid_605621.html. Zugegriffen: 22. Mai 2018.

Globale Mechanismen. Artikel im *Spiegel*, Nr. 46, 2016, S. 63.

Liebe, Stichwort im *Duden* (2018). http://www.duden.de/rechtschreibung/Liebe. Zugegriffen: 22. Mai 2018.

Religionsfreiheit, Beitrag in *Fokus online* vom September 2015 [nicht mehr verfügbar], wikipedia.de. https://de.wikipedia.org/wiki/Religionsfreiheit. Zugegriffen: 22. Mai 2018.

Respekt (2016). Stichwort im Portal *wissen.de*. https://www.wissen.de/search?keyword=Respekt. Zugegriffen: 6. Juni 2018.

Toleranz (2016), Stichwort im *Duden* (2016). https://www.duden.de/rechtschreibung/Toleranz. Zugegriffen: 6. Juni 2018.

Vertrauen, Stichwort im *Duden* (2018). https://www.duden.de/suchen/dudenonline/Vertrauen. Zugegriffen: 6. Juni 2018.

Wehrpflichtgesetz von 1956, Beitrag der *Bundeszentrale für politische Bildung* (2015). http://www.bpb.de/politik/hintergrund-aktuell/231388/vor-60-jahren-wehrpflichtgesetz-20-07-2015. Zugegriffen: 6. Juni 2018.

Printed in the United States
By Bookmasters

Printed in the United States
By Bookmasters